TAM İNGİLİZ MUFFİNLER VE ÇÖREKLER YEMEK KİTABI

İngiliz Muffinlerini Mükemmelleştirme Rehberi ve Ötesi

Gizem Güler

Telif Hakkı Malzemesi ©2023

Her hakkı saklıdır

Bu kitabın hiçbir bölümü, incelemede kullanılan kısa alıntılar dışında, yayıncının ve telif hakkı sahibinin uygun yazılı izni olmadan, hiçbir şekilde veya yöntemle kullanılamaz veya aktarılamaz. Bu kitap tıbbi, hukuki veya diğer profesyonel tavsiyelerin yerine geçmemelidir.

İÇİNDEKİLER

İÇİNDEKİLER 3
GİRİŞ 6
KLASİK İNGİLİZ KEKLERİ 7
   1. Temel İngilizce Kekleri 8
   2. Eski Tarz İngiliz Muffinleri 12
   3. Mısır unu İngiliz Muffinleri 15
   4. Dört Tahıllı İngiliz Muffinleri 18
   5. Kuru Üzümlü İngiliz Muffinleri 21
   6. Ekşi Mayalı İngiliz Muffinleri 24
   7. Tam Buğdaylı İngiliz Muffinleri 26
   8. Mısır unu-Yulaflı İngiliz Muffinleri 28
   9. Çikolata Parçalı İngiliz Muffinleri 30
MEYVELİ İNGİLİZ KEKLER 33
   10. Unsuz Balkabağı İngiliz Çöreği 34
   11. Meyveli İngiliz Muffin Somunları 36
   12. Yaban Mersinli İngiliz Muffinleri 38
   13. Clementine ve Kızılcık İngiliz Muffinleri 40
   14. Muzlu Fındıklı İngiliz Muffinleri 43
   15. Hindistan Cevizli Balkabağı İngiliz Muffinleri 46
   16. Kızılcık Cevizli İngiliz Muffinleri 48
BİTKİ VE BAHARATLI İNGİLİZ KEKLERİ 52
   17. Tarçınlı Üzümlü İngiliz Muffinleri 53
   18. Tarçınlı-Şekerli İngiliz Muffinleri 55
   19. Biberiyeli İngiliz Muffinleri 57
   20. Limonlu Kekik İngiliz Muffin 59
DOLGULU İNGİLİZ KEKLERİ 62
   21. Vişneli ve Macadamia Dolmalı Muffin 63
   22. Çilek Dolması İngiliz Çöreği 65
   23. Nektarin Dolgulu İngiliz Çöreği 67
   24. Yumurta ve Pastırma Doldurulmuş İngiliz Muffinleri 69
   25. Ispanak ve Beyaz Peynir Dolması İngiliz Muffinleri 71
   26. Sosis ve Biber Doldurulmuş İngiliz Muffinleri 73
   27. Avokado ve Domates Doldurulmuş İngiliz Muffinleri 75
   28. Somonlu ve Krem Peynirli Muffinler 77
   29. Mantar ve İsviçre Doldurulmuş İngiliz Muffinleri 79

30. Hindi ve Kızılcık Doldurulmuş İngiliz Muffinleri 81
31. Humus ve Sebzeli İngiliz Muffinleri 83
İNGİLİZ Muffin SANDVİÇLER 85
32. Yumurta Karıştırmalı Sandviçler 86
33. Nutella ve Muzlu Sandviç 89
34. Yumurta ve Prosciutto Sandviç 91
35. Izgara Karides İngiliz Muffin Burger 93
36. Peynirli Yengeç Muffin Sandviç 95
37. Fırında Şeftali Açık Sandviç 97
38. S'more Muffin Sandviç 99
39. Ispanaklı ve Enginarlı Açık Sandviç 101
40. Fıstık Ezmeli Muzlu Sandviç 103
41. Açık Yüzlü Pancarlı Humuslu Sandviç 105
İNGİLİZ Muffin PİZZA 107
42. Barbekü Tavuklu İngiliz Muffin Pizza 108
43. Biberli İngiliz Muffin Pizza 110
44. Buffalo Tavuklu İngiliz Muffin Pizza 112
45. Pesto Tavuklu İngiliz Muffin Pizza 114
46. Sebzeli İngiliz Muffin Pizza 116
47. Margherita'dan Esinlenen İngiliz Muffin Pizza 118
48. Yunan Esintili İngiliz Muffin Pizza 120
49. Tarçınlı Şekerli Berry Kahvaltı Pizzaları 122
50. İngiliz Muffin Hawaii Pizza 124
ÇÖRFLER 126
51. Funfetti Çörekler 127
52. Kalp Şeklinde Tatlı Çörekler 130
53. Cadbury Kremalı Yumurta Çörekleri 133
54. Amerikan Tarzı Konfeti Çörekler 136
55. Peynirli ve Soğanlı Çörekler 139
56. Ravent Çörekleri 142
57. Ispanaklı ve Beyaz Peynirli Lezzetli Çörekler 144
58. Közlenmiş Kırmızı Biber Çörekleri 146
59. Güneşte Kurutulmuş Domates ve Fesleğen Çörekleri 148
60. Kabak Kaşarlı Çörekler 150
61. Peynirli ve Brokolili Çörekler 152
62. Nane Çörekleri 154
63. Doğum Günü Pastası Çörekler 156
64. Cappuccino Çörekler 159

65. Yulaf ezmeli tarçınlı çörekler 161
66. Zencefil ve Frenk Üzümü Çörekleri 163
67. Balkabağı turtası baharatlı çörek kurabiyesi 165
68. Tarçınlı kahve çörekleri 167
69. Portakallı Tarçınlı Çörekler 169
70. Herşey simit Çörekler 171
71. Küçük Hindistan Cevizi Kokulu Çörekler 173
72. Matcha Yeşil Çay Çörekleri 175
73. Earl Grey Çay Çörekleri 178
74. Chai Baharatı Sırlı Akçaağaç Chai Çörekler 181
75. Pembe Limonata Çörekler 184
76. Amaretto Vişneli Çörekler 186
77. Margarita Çörekler 188
78. Biberli Pizza Çörekleri 190
79. Limoncello Çörekler 192
80. Mimoza Çörekleri 194
81. Pastırma, Kaşar ve Frenk Soğanı Çörekleri 196
82. Yuzu Çörekler 198
83. Hindistan cevizi unu Yaban mersinli çörekler 200
84. Tutku Meyveli Çörekler 203
85. Hindistan Cevizli ve Ananaslı Çörekler 205
86. Tarçınlı Cevizli Çörekler 208
87. Balkabağı Kızılcık Çörekleri 211
88. Çilekli akçaağaç çörekler 213
89. Vişneli Çörekler 215
90. Yaban mersini-limonlu çörekler 217
91. Toblerone Çörekleri 219
92. Hershey Çörekleri 221
93. Godiva Bitter Çikolatalı Çörekler 223
94. Fıstıklı Çörekler 225
95. Çikolatalı Cevizli Çörekler 227
96. Akçaağaç Cevizli Çörekler 229
97. Sosis ve Kaşarlı Çörekler 231
98. Tatlı Mısır, Kaşar ve Jalapeño Çörekler 233
99. Çedar ve Jambonlu Çörekler 236
100. Tavuk Çörekler 239

SONUÇ 242

GİRİİŞ

Tam İngiliz Muffinleri ve Çörekler Yemek Kitabı'na hoş geldiniz: İngiliz Muffinlerini ve Ötesini Mükemmelleştirme Rehberi. İlerleyen sayfalarda mükemmel İngiliz kekleri, çörekler ve çok daha fazlasını yaratma sanatını keşfedeceğiniz keyifli bir mutfak yolculuğuna çıkmak üzereyiz. Bu sevilen İngiliz ikramları dünya çapındaki insanların kalbini ve damak zevkini fethetti ve biz bunları evde yapma sanatında ustalaşmanıza yardımcı olmak için buradayız.

İngiliz kekleri ve çörekleri dünyasına daldıkça, o mükemmel sert dokuyu, tatlı ve tuzluların ideal dengesini ve bu pişmiş lezzetlerin çok yönlülüğünü elde etmenin ardındaki sırları keşfedeceksiniz. İster deneyimli bir fırıncı olun ister tamamen acemi olun, bu yemek kitabı mutfaktaki güvenilir arkadaşınızdır.

Misyonumuz size yalnızca nefis tarifler sunmak değil, aynı zamanda denemeler yapmanız ve varyasyonlarınızı yaratmanız için sizi bilgi ve becerilerle güçlendirmektir. Bu nedenle, fırınlarınızı önceden ısıtın ve fırın tepsilerinizin tozunu alın, çünkü bu ikonik İngiliz lezzetlerinde ustalaşmaya yönelik yolculuğunuz tam burada başlıyor.

KLASİK İNGİLİZ KEKLERİ

1.Temel İngilizce Kekleri

Yapım: 24 Porsiyon

İÇİNDEKİLER:
MAYA-UN KARIŞIMI:
- 2 fincan çok amaçlı un
- 2 yemek kaşığı Şeker
- 2 çay kaşığı Tuz
- 1 paket aktif kuru maya

SIVI KARIŞIM:
- 1¾ bardak Süt
- ¼ bardak Su
- 1 yemek kaşığı Tereyağı
- 1 yumurta
- 1 fincan çok amaçlı un

GEREKLİ MALZEMELER:
- 3 su bardağı Çok amaçlı un, bölünmüş
- ½ bardak Mısır unu

TALİMATLAR:
MAYA-UN KARIŞIMI:
a) Büyük bir karıştırıcı kabında 2 bardak çok amaçlı un, şeker, tuz ve aktif kuru mayayı birleştirin. Bu karışımı bir kenara koyun.

SIVI KARIŞIM:
b) Ayrı bir tencerede sütü, suyu ve tereyağını çok sıcak olana kadar (yaklaşık 120 ila 130 derece F) ısıtın.

c) Mikserin geniş kabındaki maya-un karışımına ılık sıvı karışımı azar azar ekleyerek orta hızda 2 dakika çırpın.

ç) Yumurtayı ve 1 bardak çok amaçlı unu ekleyin, ardından yüksek hızda 2 dakika daha çırpın.

d) Yumuşak bir hamur elde etmek için kalan unun yeteri kadarını karıştırın.

e) Hamuru hafifçe unlanmış bir yüzeyde pürüzsüz ve elastik hale gelinceye kadar yoğurun. Hamur çok yapışkansa kalan un miktarını artırın.

f) Hamuru plastik ambalajla örtün ve sıcak, hava akımı olmayan bir yerde, boyutu iki katına çıkana kadar kabarmasını bekleyin; bu yaklaşık bir saat sürecektir.

g) Hamur iki katına çıkınca, yuvarlayın.

ğ) Tekrar üzerini kapatıp 45 dakika daha mayalanmaya bırakın.

h) İkinci yükselişten sonra hamuru tekrar bastırın.
ı) Hafifçe unlanmış bir yüzeyde hamuru yarım santim kalınlığında açın.
i) Hamurdan kekleri kesmek için 3¼ inçlik yuvarlak bir kesici kullanın.
j) Kurabiye sayfalarını hafifçe mısır unu serpin.
k) Muffinleri her biri arasında yaklaşık 1 inç boşluk kalacak şekilde sayfalara yerleştirin.
l) Muffinlerin üstlerine ilave mısır unu serpin.
m) Muffinlerin üzerini kapatın ve tekrar iki katına çıkana kadar kabarmalarını bekleyin, bu yaklaşık 45 dakika sürecektir.
n) Hafifçe yağlanmış bir ızgarayı veya ağır bir tavayı ısıtın.

o) Muffinleri geniş bir spatula kullanarak dikkatli bir şekilde tavaya aktarın; çökmemeleri için sıkıştırmamaya veya delmemeye dikkat edin.

ö) Muffinlerin her iki tarafını da 8 ila 10 dakika veya açık kahverengi oluncaya kadar çok düşük ateşte pişirin. Dokunduğunuzda boş bir ses çıkardıklarında işlerinin bittiğini anlayacaksınız.

p) Muffinleri raflarda soğutun.

r) Servis etmek için muffinleri çatalla bölün ve dilediğiniz gibi kızartın.

s) Ev yapımı İngiliz keklerinizin tadını çıkarın!

2.Eski Tarz İngiliz Muffinleri

yapar: 12 porsiyon

İÇİNDEKİLER:
- 1 yemek kaşığı aktif kuru maya
- 1 bardak ılık su (105°F ila 115°F)
- 1 yemek kaşığı Bal
- 4¼ su bardağı ağartılmamış beyaz un (4 su bardağına kadar)
- ½ su bardağı kavrulmuş buğday tohumu
- 2 çay kaşığı Tuz
- 1 büyük yumurta
- 1¼ bardak Sıcak yağsız süt (105°F ila 115°F)
- 2 yemek kaşığı Tuzsuz tereyağı, eritilmiş
- ½ bardak Mısır unu veya irmik (serpmek için)

TALİMATLAR:
a) Küçük bir kapta mayayı ılık suyun üzerine serpin ve balın üzerine gezdirin. Çözünene kadar karıştırın ve köpürene kadar bekletin, bu yaklaşık 10 dakika sürecektir.

b) Büyük bir karıştırma kabında, bir çırpma teli veya tahta kaşık kullanarak veya kürek aparatıyla donatılmış ağır hizmet tipi bir elektrikli karıştırıcının kasesinde 2 bardak un, buğday tohumu ve tuzu birleştirin.

c) Ortasını havuz gibi açıp yumurtayı, ılık sütü, eritilmiş tereyağını ve maya karışımını ekleyin. Karışım kremsi hale gelinceye kadar yaklaşık 2 dakika çırpın.

ç) Kasenin kenarlarını temizleyen yumuşak bir hamur elde edene kadar, kalan unu her seferinde yarım bardak olacak şekilde yavaş yavaş ekleyin. Hamuru elle yapıyorsanız, gerektiğinde tahta kaşığa geçin.

d) Hafifçe unlanmış bir yüzeyde hamuru pürüzsüz ve esnek hale gelinceye kadar yoğurun; bu işlem yaklaşık 1 ila 2 dakika sürecektir. Yapışmayı önlemek için gerektiği kadar 1 yemek kaşığı un ekleyin. Hamuru ne kadar yumuşak bırakırsanız muffinler o kadar hafif olur.

e) Hamuru derin, hafifçe yağlanmış bir kaseye yerleştirin, üstünü kaplayacak şekilde bir kez çevirin ve üzerini plastik ambalajla örtün. Hamurun hacim olarak iki katına çıkana kadar oda sıcaklığında yükselmesine izin verin, bu yaklaşık 1½ saat sürecektir.

f) Çalışma yüzeyinize mısır unu veya irmik serpin. Hamuru yüzeye açın ve yaklaşık ½ inç kalınlığında bir dikdörtgen şeklinde yuvarlayın veya hafifçe vurun. Yuvarlarken yapışmasını önlemek için hamurun üzerine hafifçe mısır unu veya irmik serpin. Muffinleri kesmek için unlanmış 5 inçlik bir bisküvi kesici veya bir bardak kullanın. Kalan hamur artıklarını yuvarlayın ve kesin. Muffinlerin üzerini temiz bir bezle örtüp 30 dakika dinlendirin.

g) Bir ızgarayı veya büyük tavayı orta ateşte, yüzeyde bir su serpintisi dans edip buharlaşana kadar önceden ısıtın. İngiliz keklerini hemen ızgaraya veya tavaya yerleştirin.

ğ) Her iki tarafı da altın kahverengi olana kadar pişirin; bu, her iki tarafta yaklaşık 6-8 dakika sürecektir.

h) İngiliz keklerini parmaklarınızla veya çatalla servis etmek, bölmek veya yırtmak; bıçakla kesmekten kaçının. Bol miktarda tatlı tereyağı ve limonlu lor ile kızartılmış olarak servis yapın.

ı) Nostalji dokunuşuyla lezzetli bir ikram olan ev yapımı eski moda İngiliz keklerinizin tadını çıkarın!

3.Mısır unu İngiliz Muffinleri

Yapım: 20 muffin

İÇİNDEKİLER:
- 1¼ bardak Süt
- 2 yemek kaşığı Tereyağı
- ⅓ bardak ılık su (105' ila 115'F)
- 1 paket aktif kuru maya
- ¼ çay kaşığı Şeker
- 3½ ila 4 bardak Elenmemiş ekmek unu
- 2 çay kaşığı Tuz
- 1 büyük yumurta
- 1 su bardağı sarı mısır unu

TALİMATLAR:
a) Küçük bir tencerede sütü, tavanın kenarlarında kabarcıklar oluşana kadar ısıtın. Ateşten alıp tereyağını ekleyin. Tereyağının erimesini ve karışımın ılık bir sıcaklığa (yaklaşık 105' ila 115'F) soğumasını sağlamak için bir kenara koyun.
b) Küçük bir kapta ılık su, maya ve şekeri birleştirin. Mayayı çözmek için karıştırın. Köpük haline gelinceye kadar bekletin, bu yaklaşık 5 dakika sürecektir.
c) Tercihen ağır hizmet tipi bir elektrikli karıştırıcı olan büyük bir kapta, 2 bardak un ve tuzu birleştirin. Un karışımının ortasında bir havuz oluşturun. Süt karışımını, maya karışımını ve yumurtayı ekleyin. Tahta bir kaşık veya mikserin hamur kancasını kullanarak pürüzsüz bir hamur oluşana kadar çırpın.
ç) Hamura 1½ su bardağı un ve mısır unu ekleyin ve yumuşak bir hamur oluşana kadar çırpın. Hamur kasenin kenarlarından çekilinceye kadar çırpmaya devam edin.
d) Hamuru unlanmış bir yüzeye çevirin. Hamuru, yapışkanlığı önlemek için gerektiği kadar kalan ½ bardak unu ekleyerek pürüzsüz ve elastik hale gelinceye kadar yoğurun, bu yaklaşık 6 dakika sürecektir.
e) Karıştırma kabını yıkayın, kurulayın ve yağlayın. Hamuru yağlanmış kaseye yerleştirin, yağlı tarafı yukarı gelecek şekilde çevirin. Üzerini temiz bir bezle örtün ve hamurun hava akımından uzak, sıcak bir yerde iki katına çıkana kadar kabarmasını bekleyin, bu yaklaşık 1 saat sürecektir.
f) Unlu bir yüzeyde, hamuru yaklaşık ¼ inç kalınlığında bir dikdörtgen şeklinde açın. Hamuru kesmek ve kek yapmak için 3 inçlik yuvarlak bir

kurabiye kesici kullanın. Süslemeleri yeniden yuvarlayın ve daha fazla kek kesin. Muffinlerin üzerini temiz bir bezle örtüp 20 dakika dinlendirin.

g) Ağır bir tavayı hafifçe yağlayın ve orta ateşte ısıtın. Partiler halinde, muffinleri tavaya yerleştirin ve yaklaşık 3 dakika veya altları kızarana ve muffinler kabarıncaya kadar pişirin. Daha sonra ters çevirin ve diğer tarafını 2 ila 3 dakika veya muffinlerin diğer tarafı pişip kızarana kadar pişirin.

ğ) Mısır unu İngiliz keklerini sıcak olarak servis edin ve tadını çıkarın!

h) Bu lezzetli kekler kahvaltı için veya lezzetli bir atıştırmalık olarak mükemmeldir.

4.Dört Tahıllı İngiliz Muffinleri

Yapım: 6 Porsiyon

İÇİNDEKİLER:
- 4 ila 4-½ bardak Çok amaçlı un
- 1 paket aktif kuru maya
- ½ su bardağı tam buğday unu
- ½ su bardağı Buğday tohumu
- ½ bardak Hızlı haddelenmiş yulaf
- 1 su bardağı yağsız süt tozu
- 3 yemek kaşığı Şeker
- 2 çay kaşığı Tuz
- 2 bardak Su
- ¼ su bardağı sıvı yağ
- ¼ bardak Mısır unu

TALİMATLAR:
a) Büyük bir karıştırıcı kabında 2 bardak çok amaçlı un, maya, tam buğday unu, buğday tohumu, yulaf, süt tozu, şeker ve tuzu birleştirin. Her şeyi iyice karıştırın.
b) Bir tencerede suyu ve yağı çok sıcak olana kadar (yaklaşık 120-130°F) ısıtın.
c) Mikser kabındaki kuru malzemelere ılık su ve yağ karışımını ekleyin. Her şey ıslanıncaya kadar düşük hızda karıştırın, ardından orta hızda 3 dakika çırpın.
ç) Sert bir hamur elde etmek için kalan çok amaçlı unu yavaş yavaş elle karıştırın.
d) Hamuru unlu bir yüzeyde pürüzsüz ve elastik hale gelinceye kadar 5 ila 8 dakika yoğurun.
e) Hamuru yağlanmış bir kaseye yerleştirin, üstünü yağlayacak şekilde çevirin. Üzerini örtün ve boyutu iki katına çıkana kadar sıcak bir yerde kabarmasını bekleyin; bu yaklaşık 1 saat (veya çabuk yükselen maya kullanılıyorsa 30 dakika) sürecektir.
f) Hamur kabardıktan sonra aşağı doğru bastırın.
g) Mısır unu serpilmiş bir yüzeyde hamuru yarım santim kalınlığında açın.
ğ) Hamuru 3 inçlik daireler halinde kesmek için bisküvi veya kurabiye kesici kullanın.
h) Muffinleri yağlanmamış kurabiye tepsisine dizin.

ı) Üstlerini örtün ve tekrar iki katına çıkana kadar sıcak bir yerde mayalanmaya bırakın; bu yaklaşık 30 dakika (veya hızlı yükselen maya için 15 dakika) sürecektir.

i) Elektrikli ızgarayı veya kızartma tavasını 325°F'ye kadar önceden ısıtın ve hafifçe yağlayın.

j) Muffinleri ızgarada veya tavada her iki tarafını da yaklaşık 8 dakika veya koyu altın rengi kahverengi olana kadar pişirin.

k) Muffinleri soğumaya bırakın.

l) Servis etmek için muffinleri bölüp kızartın.

m) Ev yapımı dört taneli İngiliz keklerinin tadını çıkarın! Doyurucu bir kahvaltı veya lezzetli bir atıştırmalık için mükemmeldirler.

5.Üzümlü İngiliz Muffinleri

Model: 18 muffin

İÇİNDEKİLER:
- 1 paket Kuru maya
- 1 bardak ılık su (105°F ila 115°F)
- 1 bardak Süt
- 2 yemek kaşığı Şeker
- 1 çay kaşığı Tuz
- 3 yemek kaşığı tereyağı (veya margarin), yumuşatılmış
- 1 su bardağı kuru üzüm
- 5½ ila 6 bardak Çok amaçlı un
- Mısır unu (tozunu almak için)

TALİMATLAR:
a) Mayayı geniş bir karıştırma kabında ılık suda eritin ve 5 dakika bekletin.
b) Küçük bir tencerede süt, şeker, tuz ve tereyağını birleştirin. Orta-düşük ateşte, tereyağı eriyene kadar karıştırarak pişirin. Bu karışımın ılık bir sıcaklığa soğumasını bekleyin (yaklaşık 105°F ila 115°F).
c) Süt karışımını, kuru üzümleri ve 3 su bardağı unu maya karışımına karıştırın. Pürüzsüz olana kadar çırpın. Sert bir hamur oluşturmak için 2½ ila 3 bardak un ekleyin.
ç) Hamuru unlu bir yüzeye açın ve yaklaşık 2 dakika veya hamur top haline gelinceye kadar yoğurun. Hamur biraz ele yapışan bir kıvamda olacak.
d) Hamuru iyice yağlanmış bir kaseye yerleştirin, üstünü yağlayacak şekilde çevirin. Kaseyi kapatın ve hamurun sıcak, hava akımı olmayan bir yerde (yaklaşık 85°F) yaklaşık 1 saat veya hacmi iki katına çıkana kadar kabarmasını bekleyin.
e) Hamuru aşağıya doğru bastırın ve ikiye bölün. Her bir yarıyı, yoğun şekilde mısır unu serpilmiş pürüzsüz bir yüzeye çevirin. Avuç içinizi kullanarak hamurun yarısını yarım santim kalınlığında bir daire şeklinde açın. Hamuru 2-¾ inçlik bir kesici kullanarak yuvarlaklar halinde kesin. Arta kalan hamurların tekrar kullanılmaması gerektiğinden keserken dikkatli olun.
f) İki fırın tepsisine mısır unu serpin. Kesilen hamur yuvarlaklarını, mısır unu tarafı aşağı gelecek şekilde 2 inç aralıklarla yerleştirerek fırın tepsilerine aktarın. Hamurun bir tarafı mısır unu içermemelidir. Bu işlemi hamurun kalan yarısı ile tekrarlayın.

g) Hamur yuvarlaklarını örtün ve ılık, hava akımı olmayan bir yerde (yaklaşık 85°F) 30 dakika boyunca veya kütle olarak iki katına çıkana kadar mayalanmaya bırakın.

ğ) Geniş bir spatula kullanarak turtaları önceden ısıtılmış, hafifçe yağlanmış 360 derecelik elektrikli tavaya aktarın. Yuvarlakları mısır unu tarafı aşağı bakacak şekilde yerleştirin ve 6 dakika pişirin. Daha sonra çevirin ve 6 dakika daha pişirin.

h) Muffinleri tel rafların üzerinde soğutun.

ı) Servis etmek için muffinleri bölün ve hafifçe kızarana kadar kızartın.

i) Muffinleri hava geçirmez bir kapta saklayın.

j) Not: Muffinler doğrudan orta-yüksek ateşte tavada da pişirilebilir.

k) Bu ev yapımı kuru üzümlü İngiliz kekleri, lezzetli bir kahvaltı veya lezzetli bir atıştırmalık için mükemmeldir. Sabahlarınızı kolaylaştırmak için bunları önceden hazırlayabilir ve gerektiğinde kızartabilirsiniz. Eğlence!

6.Ekşi Mayalı İngiliz Muffinleri

Üretilenler: Yaklaşık 1 düzine muffin

İÇİNDEKİLER:
- 1 bardak Ekşi maya başlangıç
- 2 su bardağı Süt veya su
- 1 su bardağı sarı mısır unu
- 3⅔ su bardağı Tam buğday unu
- 3 yemek kaşığı Bal
- 1 çay kaşığı Tuz
- 1 çay kaşığı Kabartma tozu
- 1 büyük yumurta veya 2 yumurta akı

TALİMATLAR:
a) Büyük bir karıştırma kabında ekşi maya başlangıç maddesini, sütü (veya suyu), mısır unu ve 1½ bardak unu birleştirin. Her şeyi iyice karıştırmak için karıştırın, kaseyi kapatın ve gece boyunca dinlenmeye bırakın.
b) Bir gece dinlendirdikten sonra karışımı karıştırın.
c) Kalan unu, balı, tuzu, karbonatı ve yumurtayı (veya yumurta aklarını) ekleyin. Bir hamur oluşturmak için her şeyi iyice karıştırın.
ç) Hamuru hafifçe unlanmış bir yüzeye alıp, pürüzsüz hale gelinceye kadar yaklaşık 8-10 dakika iyice yoğurun.
d) Hamuru yaklaşık ½ inç kalınlığa kadar yuvarlayın veya hafifçe vurun.
e) Hamurdan kekleri kesmek için 3½ inçlik bir bisküvi kesici kullanın.
f) Muffinlerin üzerini örtüp yaklaşık 45 dakika kadar mayalanmaya bırakın.
g) Bir ızgarayı veya elektrikli kızartma tavasını yaklaşık 300 Fahrenheit dereceye kadar önceden ısıtın (ocakta orta ateşte). Tavayı hafifçe yağlayabilir veya yapışmaz bir yüzey kullanabilirsiniz.
ğ) Muffinleri dikkatlice ızgaraya yerleştirin ve her iki tarafını da 10-12 dakika pişirin. Bunları yalnızca bir kez çevirin. Muffinler açık ve kahverengi hale gelmelidir.
h) Eşit pişirme sağlamak için ilk partiden sonra sıcaklığı gerektiği gibi ayarlayın.
ı) Muffinler piştikten sonra ocaktan alın ve soğumaya bırakın.
i) Servis etmek için muffinleri bölüp dilediğiniz gibi kızartın.
j) Ev yapımı ekşi mayalı İngiliz keklerinizin tadını çıkarın! Kahvaltı için veya lezzetli bir atıştırmalık olarak mükemmeldirler.

7.Tam Buğdaylı İngiliz Muffinleri

Yapım: 8 muffin

İÇİNDEKİLER:
- 1¼ bardak Süt
- 2 yemek kaşığı Kısaltma
- 2 su bardağı tam buğday unu
- 1 su bardağı Ekmek unu
- ⅓ bardak Kırık buğday
- 1 yemek kaşığı esmer şeker
- ¾ çay kaşığı Tuz
- 1 çay kaşığı Maya
- Mısır unu (daldırma için)

TALİMATLAR:

a) İlk 8 malzemeyi (süt, katı yağ, tam buğday unu, ekmek unu, bulgur, esmer şeker, tuz ve maya) ekmek makinenizin ekmek tavasına yerleştirin.

b) Ekmek makinenizde hamur döngüsünü seçin ve başlatın. Bırakın makine işini yapsın.

c) Hamur döngüsü tamamlandığında hamuru makineden çıkarın.

ç) Hafifçe unlanmış bir yüzeyde hamurun üzerini örtün ve 10 dakika bekletin.

d) Hamuru yarım santimden biraz daha ince olacak şekilde açın.

e) Hamurdan kekleri kesmek için 4 inçlik yuvarlak bir bisküvi kesici kullanın. Daha fazla kek yapmak için hamur artıklarını yeniden yuvarlayın.

f) Her muffinin her iki tarafını da mısır ununa batırın. Mısır ununun yapışmasını sağlamak için gerekirse muffinleri suyla hafifçe fırçalayın.

g) Muffinlerin üzerini örtün ve ılık bir yerde iyice hafifleyene kadar mayalandırın, bu yaklaşık 30 dakika sürecektir. Alternatif olarak, kabarma adımını atlayabilir, muffinlerin üzerini kapatabilir ve 2 ila 24 saat boyunca buzdolabında saklayabilirsiniz.

ğ) Muffinleri, 325°F'ye ayarlanmış yağsız bir elektrikli tavada, bir seferde yaklaşık 4 veya 5 adet olmak üzere gruplar halinde pişirin. 25 ila 30 dakika kadar veya parmaklarınızla dokunduğunuzda muffinlerin içi boş bir ses çıkarana kadar pişirin ve her 5 dakikada bir çevirin. Eğer kalan muffinleriniz varsa, bunları pişirmeden önce 8 saate kadar buzdolabında saklayabilirsiniz.

h) Alternatif olarak, muffinleri yağlanmamış büyük bir tavada veya birkaç tavada kısık ateşte sık sık çevirerek 25 ila 30 dakika pişirebilirsiniz.

ı) Muffinler piştikten sonra iyice soğumaya bırakın.

i) Servis yapmak için muffinleri yatay olarak bölün ve kızartın veya kızartın.

8.Mısır unu-Yulaf İngiliz Muffinleri

İÇİNDEKİLER:

- 2 (¼ ons) paket aktif kuru maya
- 2 bardak ılık su (105°F-115°F; çok soğuksa maya aktifleşmez, çok sıcaksa mayayı öldürürsünüz)
- ½ fincan katı yağ, yumuşatılmış
- 1 yemek kaşığı şeker
- 2 çay kaşığı tuz
- ½ su bardağı sarı mısır unu
- 1 su bardağı yulaf ezmesi (eski moda veya hızlı)
- 5 ila 5 ½ bardak ekmek unu veya ağartılmamış çok amaçlı un
- Fırın tepsilerinin tozunu almak için mısır unu

TALİMATLAR:

a) Büyük bir kapta mayayı suda eritin; maya köpürene kadar 5 dakika bekletin.

b) Maya karışımına yumuşatılmış yağ, şeker, tuz, mısır unu, yulaf ve 1 su bardağı un ekleyin; pürüzsüz olana kadar çırpın.

c) Kalan unu yavaş yavaş ekleyerek sert bir hamur elde edin, her eklemeden sonra iyice çırpın (bir defada 1 bardak ekleyebilirsiniz). Sonlara doğru hamur oldukça sertleşecek. Tahta bir kaşık kullanarak yavaş ve sabit bir hızda karıştırabilirsiniz.

ç) Unlu bir yüzeyde hamuru ¼ "ila 3/8" kalınlığa kadar açın.

d) Unlu 4 inçlik bir kesici veya benzer büyüklükteki yuvarlak bir kesici kullanarak hamuru yuvarlaklar halinde kesin.

e) Yuvarlakları, üzerine mısır unu serpilmiş, yağlanmamış fırın tepsisine dizin.

f) Yuvarlakların üzerine biraz mısır unu serpin.

g) Muffinleri ılık bir yerde yaklaşık 30 dakika veya hafifleşene kadar mayalandırın.

ğ) Bir spatula kullanarak, muffinleri önceden ısıtılmış bir ızgaraya veya yaklaşık 360°F'ye (182°C) ayarlanmış elektrikli kızartma tavasına dikkatlice taşıyın.

h) Her iki tarafını da 7 dakika veya açık altın rengine dönene kadar pişirin.

ı) Muffinleri soğumaya bırakın.

i) Onları bölün, kızartın ve ev yapımı Mısır unu-Yulaflı İngiliz Muffinlerinin tadını çıkarın!

9.Çikolatalı İngiliz Muffinleri

İÇİNDEKİLER:

- 2 fincan çok amaçlı un
- 1 yemek kaşığı toz şeker
- 1 çay kaşığı tuz
- 1 yemek kaşığı şekersiz kakao tozu
- 1 yemek kaşığı kabartma tozu
- ½ su bardağı mini çikolata parçacıkları
- 1 bardak süt
- 2 yemek kaşığı tuzsuz tereyağı, eritilmiş
- 1 çay kaşığı vanilya özü
- Tozunu almak için mısır unu veya irmik

TALİMATLAR:

a) Büyük bir karıştırma kabında çok amaçlı un, toz şeker, tuz, kakao tozu ve kabartma tozunu birlikte çırpın.

b) Mini çikolata parçacıklarını kuru malzemelere ekleyin ve birleştirmek için karıştırın.

c) Ayrı bir kapta sütü, eritilmiş tereyağını ve vanilya özünü birleştirin.

ç) Islak malzemeleri kuru malzemelerin içine dökün ve yumuşak bir hamur oluşana kadar karıştırın. Fazla karıştırmamaya dikkat edin; tüm malzemeler birleşene kadar karıştırmanız yeterli.

d) Hamuru hafifçe unlanmış bir yüzeye çevirin. Bir araya geldiğinden emin olmak için birkaç kez yavaşça yoğurun.

e) Hamuru yaklaşık ½ ila ¾ inç kalınlığında olacak şekilde açın.

f) Muffinleri kesmek için yuvarlak bir bisküvi kesici (yaklaşık 3 inç çapında) kullanın. Yapışmayı önlemek için kesiciyi una batırabilirsiniz.

g) Muffinleri hafifçe mısır unu veya irmik serpilmiş bir fırın tepsisine veya tepsiye yerleştirin. Bu, yükselme sırasında yapışmayı önlemeye yardımcı olur.

ğ) Muffinleri temiz bir mutfak havlusuyla örtün ve sıcak, hava akımı olmayan bir yerde yaklaşık 30-45 dakika veya kabarıp boyutları iki katına çıkana kadar mayalanmaya bırakın.

h) Muffinler yükselirken, orta-düşük ateşte bir ızgarayı veya büyük bir tavayı önceden ısıtın.

ı) Muffinler kabardıktan sonra dikkatlice önceden ısıtılmış ızgaraya veya tavaya aktarın. Her iki tarafını da yaklaşık 5-7 dakika veya altın rengi kahverengi olana ve güzel bir kabuk elde edene kadar pişirin.

i) Pişen muffinleri ızgaradan alıp tel ızgara üzerinde soğumaya bırakın.

j) Soğuduktan sonra, muffinleri bir çatalla ikiye bölün (klasik köşeleri ve yarıkları elde etmek için) ve kızartın.

k) Ev yapımı Çikolata Parçalı İngiliz Muffinlerinizi tereyağı, reçel veya seçtiğiniz herhangi bir malzemeyle servis edin.

l) Lezzetli ev yapımı Çikolata Parçalı İngiliz Muffinlerinizin tadını çıkarın!

MEYVELİ İNGİLİZ KEKLERİ

10.Unsuz Kabak İngiliz Muffin

İÇİNDEKİLER:
- ⅓ su bardağı yulaf ezmesi, un kıvamına gelinceye kadar öğütülmüş
- 1 yemek kaşığı chia tohumu, un kıvamına gelinceye kadar öğütülmüş
- ½ çay kaşığı kabartma tozu
- 2 yemek kaşığı kabak püresi
- 1 yemek kaşığı tercih edilen sıvı (şekersiz süt işe yarar)

TALİMATLAR:
a) Bir karıştırma kabında tüm kuru malzemeleri birleştirin ve iyice karıştırın.
b) Islak malzemeleri ekleyin ve yapışkan bir hamur oluşana kadar karıştırın.
c) Hamuru yağlanmış bir ramekin veya mısır gevreği kasesine aktarın.

MİKRODALGA SEÇENEĞİ İÇİN:
ç) Mikrodalgada en az 2 dakika veya ortası tamamen temiz çıkana kadar. Çıkarmadan, ikiye dilimlemeden ve ekmek kızartma makinesinde kızartmadan önce 1 dakika bekletin.

FIRIN SEÇENEĞİ İÇİN:
d) Fırınınızı 350 Fahrenheit'e (175 santigrat derece) önceden ısıtın. 12-15 dakika veya kürdanla test edildiğinde ortası temiz çıkana kadar pişirin. İkiye dilimlemeden ve ekmek kızartma makinesinde kızartmadan önce biraz soğumasını bekleyin.

11.Meyveli İngiliz Muffin Somunları

Yapım: 2 Somun

İÇİNDEKİLER:
- 5 su bardağı Çok amaçlı un; bölünmüş
- 2 paket aktif kuru maya
- 2 yemek kaşığı Şeker
- 2 çay kaşığı Öğütülmüş tarçın
- 1 çay kaşığı Tuz
- ¼ çay kaşığı Kabartma tozu
- 1½ su bardağı Sıcak portakal suyu
- ½ su bardağı ılık su
- ¼ bardak bitkisel yağ
- ½ su bardağı kıyılmış ceviz
- ½ su bardağı doğranmış kuru kayısı veya dilediğiniz kuru meyve
- Mısır unu (üzerine serpmek için)

TALİMATLAR:
a) Bir karıştırma kabında 2 su bardağı un, maya, şeker, tarçın, tuz ve kabartma tozunu birleştirin.
b) Kuru malzemelere ılık portakal suyu, su ve bitkisel yağ ekleyin. Karışım nemlenene kadar düşük hızda çırpın.
c) Mikserin hızını en yükseğe çıkartıp 3 dakika kadar çırpın.
ç) Kıyılmış cevizleri, doğranmış kuru kayısıları (veya seçtiğiniz kuru meyveyi) ve kalan unu katı bir hamur elde edene kadar karıştırın. Yoğurmayın.
d) İki adet 8x4x2 inçlik somun tavasını yağlayın ve üzerlerine mısır unu serpin.
e) Tavaların üzerini örtün ve hamurun boyutu iki katına çıkana kadar ılık bir yerde mayalanmasını bekleyin; bu yaklaşık 45 dakika sürecektir.
f) Fırınınızı önceden 350°F (175°C) ısıtın.
g) Somunları önceden ısıtılmış fırında 35-40 dakika veya altın rengi kahverengi oluncaya kadar pişirin.
ğ) Somunları hemen tavalardan çıkarın ve tel rafların üzerinde soğumaya bırakın.
h) Somunlar soğuduktan sonra dilimleyin ve istediğiniz gevreklik seviyesine kadar kızartın.
ı) Ev yapımı meyveli İngiliz çöreği somunlarınızın tadını çıkarın! Kahvaltı için veya lezzetli bir atıştırmalık olarak mükemmeldirler.

12.Yabanmersinli İngiliz Muffinleri

Model: 24 muffin

İÇİNDEKİLER:
- 1 bardak ayran
- 2 yemek kaşığı şeker
- 1 ¼ onsluk paket maya
- 1 bardak ılık su
- ¼ bardak eritilmiş tereyağı
- 3 su bardağı çok amaçlı un
- 3 su bardağı tam buğday unu
- 1 çay kaşığı tuz
- 1 ½ bardak yaban mersini
- Toz almak için mısır unu

TALİMATLAR:
a) Sütü küçük bir tencerede orta-düşük ateşte köpürmeye başlayana kadar hafifçe ısıtarak başlayın. Şeker eriyene kadar karıştırın, ardından ocaktan alın ve bir kenara koyun.
b) Mayanın üzerine 1 bardak ılık su dökün, karıştırın ve 10 dakika boyunca rahatsız edilmeden bekletin.
c) Hamur aparatıyla donatılmış bir stand mikserinde ısıtılmış sütü, maya karışımını, eritilmiş tereyağını, 1 ½ su bardağı çok amaçlı unu, 1 ½ su bardağı tam buğday ununu ve tuzu birleştirin. İyice karıştırdıktan sonra kalan unu ekleyin ve yumuşak bir hamur oluşana kadar karıştırın. Bu adımda biraz ezilebileceklerini aklınızda bulundurarak yaban mersinlerini ekleyin, ancak bu tamamen sorun değil.
ç) Büyük bir kaseyi pişirme spreyi ile kaplayın ve hamuru içine yerleştirin. Hamuru 8-10 kez yoğurun, ardından kasenin içinde ters çevirin ve üzerini bir bulaşık havlusu ile örtün. En az bir saat yükselmesine izin verin.
d) Hamur kabarmayı tamamladıktan sonra, yumruklayın ve unlanmış bir yüzeye aktarın. Hamuru yaklaşık ½" kalınlığında açın.
e) Büyük bir fırın tepsisine mısır unu serpin.
f) Hamurdan daireler oluşturmak için 3 inçlik yuvarlak bir bisküvi kesici kullanın ve ardından bu daireleri hazırlanan fırın tepsisine aktarın.
g) Büyük bir tencereyi veya tavayı orta ateşte ısıtın, bisküvileri ekleyin ve 8-10 dakika pişirin. Ters çevirip diğer tarafını da 8-10 dakika daha pişirin.
ğ) Ev yapımı Yabanmersinli İngiliz Muffinlerinizin tadını çıkarın!

13.Clementine ve Kızılcık İngiliz Muffinleri

İÇİNDEKİLER:
- 300g Sert Un
- 6g Maya
- 6g Tuz
- 15g Pudra Şekeri
- 15g Tereyağı, yumuşatılmış
- 1 Orta Boy Yumurta, dövülmüş
- 170ml Süt
- Yağ (ceviz veya bitkisel)
- 15g İrmik
- 1 Clementine'in kabuğu rendesi
- 65g Kurutulmuş Kızılcık, doğranmış

TALİMATLAR:
a) Unu bir mutfak robotuna yerleştirin. Karıştırma kabının bir tarafına mayayı, diğer tarafına tuzu ekleyin.
b) Una şekeri, yumuşatılmış tereyağını (küpler halinde kesilmiş), çırpılmış yumurtayı ve sütü ekleyin. Yaklaşık 5 dakika veya hamur yumuşak ve elastik hale gelinceye kadar karıştırın.
c) Klementinin kabuğunu rendeleyin ve kurutulmuş kızılcıkları daha küçük parçalar halinde doğrayın. Hamur karışımına clementine lezzetini ve doğranmış kızılcıkları ekleyin. İyice birleşene kadar tekrar karıştırın.
ç) Büyük bir kaseyi biraz yağla kaplayın ve iç yüzeyin tamamını kaplamasını sağlayın. Hamuru yağlanmış kaseye yerleştirin. Temiz bir mutfak havlusuyla örtün ve 1 ila 2 saat veya boyutu iki katına çıkana kadar kabarmasını (yükselmesini) bekleyin.
d) Çalışma yüzeyinizi bir miktar irmik ve unla hafifçe tozlayın. Hamuru unlanmış zemine alıp merdaneyle yaklaşık 2 cm kalınlığında açın.
e) 8 cm'lik bir kesici (veya kesiciniz yoksa bir bardak) kullanarak 7 ila 8 adet muffin kesin. Kalan irmiği muffinlerin üst kısmına serpin.
f) Kesilmiş muffinleri bir tahtaya yerleştirin, üzerlerini mutfak havlusu ile örtün ve 30 dakika daha kabarmalarını bekleyin.
g) Ağır tabanlı bir kızartma tavasını çok düşük bir ısıya kadar önceden ısıtın (ısıyı yaklaşık 12 üzerinden 2'ye ayarlayın). Isındıktan sonra muffinleri tavaya yerleştirin ve bir tarafı 6 ila 10 dakika, ya da altın rengi oluncaya kadar pişirin. Muffinleri ters çevirin ve diğer tarafta 6 ila 10 dakika daha pişirin. Önemli olan sabırlı olmak ve muffinlerin çok çabuk pişmesini ve renklenmesini önlemek için mümkün olan en düşük ısıda pişirmektir.
ğ) Tereyağı veya peynirle servis edilen bu Clementine & Cranberry İngiliz Muffinlerinin tadını çıkarın.

14.Muzlu Fındıklı İngiliz Muffinleri

İÇİNDEKİLER:
- 2 adet olgun muz, püresi
- ¼ bardak tuzsuz tereyağı, eritilmiş
- ¼ su bardağı toz şeker
- ¼ bardak esmer şeker
- 1 büyük yumurta
- 1 çay kaşığı vanilya özü
- 1 ½ su bardağı çok amaçlı un
- 1 çay kaşığı kabartma tozu
- ½ çay kaşığı karbonat
- ½ çay kaşığı tuz
- ½ su bardağı kıyılmış ceviz veya fındık
- Yağlama için pişirme spreyi veya bitkisel yağ
- Toz almak için mısır unu

TALİMATLAR:

a) Fırınınızı önceden 350°F (175°C) ısıtın. Muffin kalıbını yağlayın ve hafifçe mısır unu ile tozlayın. Bu, muffinlerin yapışmasını önleyecek ve onlara klasik İngiliz çöreği dokusunu verecektir.

b) Bir karıştırma kabında ezilmiş muzları, eritilmiş tereyağını, toz şekeri ve esmer şekeri birleştirin. İyice birleşene kadar karıştırın.

c) Muz karışımına yumurta ve vanilya özütünü ekleyin ve pürüzsüz hale gelinceye kadar karıştırın.

ç) Ayrı bir kapta çok amaçlı un, kabartma tozu, kabartma tozu ve tuzu birlikte çırpın.

d) Kuru malzemeleri yavaş yavaş ıslak malzemelere ekleyin ve birleşene kadar karıştırın. Fazla karıştırmamaya dikkat edin; birkaç topaklar varsa sorun değil.

e) Kıyılmış cevizleri veya cevizleri yavaşça hamura katlayın.

f) Hazırladığınız muffin kalıplarına hamuru kaşıkla dökün ve her muffin kabını üçte iki oranında doldurun.

g) Daha fazla doku için her muffinin üzerine biraz daha mısır unu serpin.

ğ) Önceden ısıtılmış fırında 15-20 dakika veya muffinler altın rengi kahverengi olana ve ortasına batırdığınız kürdan temiz çıkana kadar pişirin.

h) Muffinleri fırından çıkarın ve muffin kalıbının içinde birkaç dakika soğumaya bırakın.

ı) Muffinleri yatay olarak ikiye bölmek için bir çatal kullanın ve klasik köşeler ve çatlaklar yaratın.

i) Bölünmüş muffinleri hafifçe kızarana kadar kızartın ve tereyağı veya en sevdiğiniz sosla sıcak olarak servis yapın.

j) Ev yapımı Muzlu Fındıklı İngiliz Muffinlerinin tadını çıkarın!

15.Hindistan Cevizli Balkabağı İngiliz Muffinleri

1 porsiyon

İÇİNDEKİLER:
- ¼ bardak kaju unu veya beyazlatılmış badem unu
- 1 yemek kaşığı hindistan cevizi unu
- ¼ çay kaşığı karbonat
- ¼ çay kaşığı balkabağı turtası baharatı (veya tarçın, zencefil ve hindistan cevizi karışımı)
- Bir tutam koşer tuzu
- 1 yumurta
- 2 yemek kaşığı kabak püresi
- 2 yemek kaşığı şekersiz badem sütü (veya başka bir fındık sütü)

TALİMATLAR:
a) Küçük bir kapta kaju unu (veya badem unu), hindistancevizi unu, kabartma tozu, balkabağı turtası baharatı (veya baharat kombinasyonu) ve bir tutam koşer tuzunu birleştirin.
b) Yumurtayı, kabak püresini ve badem sütünü (veya tercih ettiğiniz fındık sütünü) ekleyin. Karışım iyice birleşene kadar karıştırın.
c) Küçük bir ramekini pişirme spreyi veya biraz yağla yağlayın.
ç) Hamuru yağlanmış ramekine aktarın, üstünü düzeltin.
d) Ramekini yaklaşık 2 dakika mikrodalgada tutun, ancak zamanlama mikrodalganıza bağlı olarak değişebilir. Şişmesini ve sabit bir merkeze sahip olmasını istiyorsunuz.
e) Piştikten sonra muffini kalıptan çıkarın, ikiye bölün ve dilediğiniz gibi kızartın.
f) Tahılsız ve süt içermeyen bir kahvaltı seçeneği için mükemmel olan hızlı ve kolay Hindistan Cevizli Balkabaklı İngiliz Muffin'inizin tadını çıkarın!

16.Kızılcık Cevizli İngiliz Muffinleri

Modeller: 16 İngiliz Muffini

İÇİNDEKİLER:
- 1 ¾ bardak ılık süt (yaklaşık 105°F)*
- 2 ¼ çay kaşığı anlık maya
- 3 yemek kaşığı tuzsuz tereyağı veya süt içermeyen tereyağı, yumuşatılmış
- 1 ¼ çay kaşığı tuz
- ½ çay kaşığı öğütülmüş tarçın
- Bir tutam öğütülmüş hindistan cevizi
- 2 yemek kaşığı bal
- 1 büyük yumurta, hafifçe dövülmüş
- 3 ½ su bardağı ekmek unu
- 1 su bardağı beyaz tam buğday unu
- ½ bardak kurutulmuş kızılcık, doğranmış
- ½ su bardağı çiğ ceviz, doğranmış
- Üzerine serpmek için mısır unu

TALİMATLAR:
a) Kürek aparatıyla donatılmış bir stand mikserinin kasesine ılık sütü ekleyin. Üzerine anlık mayayı serpin ve birleşmesi için birkaç saniye düşük devirde karıştırın.

b) Yumuşatılmış tereyağını, tuzu, tarçını, hindistan cevizini, balı ve çırpılmış yumurtayı ve ardından her iki un türünü de ekleyin. Düşük hızda karıştırmaya başlayın (unun dağılmasını önlemek için), ardından hızı orta seviyeye yükseltin. Hamur pürüzsüz ve saten hale gelinceye kadar yaklaşık 4 ila 5 dakika orta ateşte çırpmaya devam edin, ancak diğer mayalı hamurlarla karşılaştırıldığında yine de nispeten yumuşak olacaktır.

c) Kıyılmış kızılcıkları ve cevizleri ekleyin ve birleşene kadar kısa süre çırpın.

ç) İyice unlanmış eller ve/veya yağlanmış bir spatula kullanarak hamuru büyük, yağlanmış bir kaseye aktarın ve kaba bir top haline getirin. Hamuru kaplamak için bir kez çevirin, ardından kaseyi temiz bir mutfak havlusu veya plastik ambalajla örtün. Hamurun hacmi iki katına çıkana kadar yaklaşık 1 ½ ila 2 saat kadar kabarmasını bekleyin.

d) Bir ızgaraya veya büyük yapışmaz tavaya yapışmaz pişirme spreyi sıkın, ardından üzerine cömertçe mısır unu serpin. Tüm İngiliz keklerini aynı anda pişirmek için hem tavayı hem de ızgarayı aynı anda kullanabilirsiniz.

e) Unlu ellerle hamuru yavaşça söndürün ve ardından 16 eşit büyüklükte parçaya bölün. Her parçayı pürüzsüz bir top haline getirin ve hazırlanan soğuk ızgaraya yerleştirin. Her topu yaklaşık 3 ila 3 ½ inç çapa ulaşana kadar düzleştirmek için parmaklarınızı kullanın (tavanın üzerine birbirine oldukça yakın yerleştirilebilirler).

f) Tüm İngiliz keklerinin üzerine ilave mısır unu serpin. Temiz bir mutfak havlusu veya parşömen kağıdıyla üzerini örtüp 20 dakika dinlenmeye bırakın.

g) Izgarayı veya brülörü açarak düşük ısıya getirin. Muffinlerin her tarafı altın rengi kahverengiye dönene ve tamamen pişene kadar yaklaşık 12 ila 15 dakika pişirin. Bittiğinden emin olmak için, muffinlerin içi, anında okunan bir termometre ile test edildiğinde yaklaşık 195 ila 200°F sıcaklığa ulaşmalıdır. Pişirmenin ikinci tarafı sırasında onları yakından takip edin, gerekirse 200°F'a ulaşana kadar eşit bir kahverengileşme elde etmek için onları ilk tarafa geri çevirin. Pişirme sürelerinin ızgaradaki konumlarına bağlı olarak biraz değişebileceğini unutmayın.

ğ) Muffinler çok çabuk kızarmaya başlarsa ve tam olarak pişmezse, bunları dikkatli bir şekilde bir fırın tepsisine aktarın ve önceden ısıtılmış 350°F fırında pişene kadar pişirin; bu işlem 5 ila 10 dakika daha sürebilir. Bu, eğer henüz istenen sıcaklıkta değilse, taraf başına ilk 12 ila 15 dakikadan sonra da yapılabilir.

h) Muffinleri tamamen soğuması için tel rafa aktarın. Toplu olarak yapıyorsanız pişirme işlemini kalan keklerle tekrarlayın.

ı) Yemeye hazır olduğunuzda, karakteristik köşe ve çatlakları korumak için kekleri bıçak yerine çatal kullanarak bölün.

i) Enfes ev yapımı Kızılcık Cevizli İngiliz Muffinlerinizin tadını çıkarın!

BİTKİ VE BAHARATLI İNGİLİZ KEKLERİ

17. Tarçınlı Üzümlü İngiliz Muffinleri

İÇİNDEKİLER:

- ¾ bardak ılık su
- 2 ½ çay kaşığı aktif kuru maya
- 3 yemek kaşığı şeker, bölünmüş
- ¾ bardak ılık tam yağlı süt
- ¼ bardak tereyağı, eritilmiş
- 3 su bardağı çok amaçlı un (Gold Medal®)
- 2 yemek kaşığı öğütülmüş tarçın
- ½ çay kaşığı tuz
- 1 bardak kuru üzüm
- Pişirmek için 2 yemek kaşığı tereyağı

TALİMATLAR:

a) Mikrodalgaya uygun küçük bir kapta suyu 1 dakika boyunca yüksek ateşte ısıtın. Mayayı ve 1 yemek kaşığı şekeri karıştırmadan önce birkaç dakika dinlenmeye bırakın. 10 dakika kadar prova yapmasına izin verin.

b) Mikrodalgaya uygun başka bir küçük kapta sütü 1 dakika boyunca yüksek ateşte ısıtın. Bir kenara koyun.

c) Tereyağını başka bir küçük kapta eritin.

ç) Çırpma aparatı takılı elektrikli karıştırıcının kasesinde unu, kalan 2 yemek kaşığı şekeri, tarçını ve tuzu birlikte çırpın.

d) Kürek aparatına geçin ve düşük hızdaki mikserle eritilmiş tereyağını, ılık sütü ve maya karışımını ekleyin.

e) Birleşene kadar düşük hızda karıştırın. Kuru üzümleri ekleyin ve hamura eşit şekilde dağılıncaya kadar bir dakika daha karıştırın. Hamur yapışkan olmalıdır.

f) Hamuru hafifçe yağlanmış bir kaseye aktarın ve üzerini plastik ambalajla örtün. Sıcak bir yerde iki katına çıkana kadar mayalanmaya bırakın, bu yaklaşık 1 saat sürecektir.

g) Hamur kabardıktan sonra büyük bir parşömen kağıdına yaklaşık 1 inç kalınlığa kadar bastırın. Hamuru 3 ½ inç boyutunda İngiliz kekleri halinde kesmek için bir bisküvi kesici veya yuvarlak bir bardağın üstünü kullanın. 10 muffin elde edene kadar hamuru presleme ve kesme işlemini tekrarlayın.

ğ) Yapışmaz bir tavada 2 yemek kaşığı tereyağını kısık ateşte ısıtın.

h) Bir seferde 5 İngiliz muffinini tavaya yerleştirin ve her iki tarafı da kızarıp gevrekleşinceye ve her tarafı yaklaşık 8 dakika sürecek şekilde pişene kadar pişirin.

ı) Pişen muffinleri tamamen soğuması için tel ızgaraya aktarın.

i) Ev yapımı Tarçınlı Üzümlü İngiliz Muffinlerinin tadını çıkarın!

18.Tarçın-Şeker İngiliz Muffinleri

İÇİNDEKİLER:

- 3 dilim pastırma
- ½ bardak (1 çubuk) tuzlu tereyağı, yumuşatılmış
- ½ bardak) şeker
- 1 tepeleme çay kaşığı öğütülmüş tarçın
- Vanilya özü sıçraması
- 3 İngiliz çöreği, bölünmüş
- ¼ bardak fıstık ezmesi
- 1 Granny Smith elması, ince dilimlenmiş

TALİMATLAR:

a) Fırını 350 Fahrenheit'e (175 santigrat derece) önceden ısıtın.
b) Orta ateşteki bir tavaya pastırma dilimlerini ekleyin ve gevrekleşene kadar kızartın; bu yaklaşık 10 ila 12 dakika sürecektir.
c) Pastırma pişerken bir kaseye yumuşatılmış tereyağı, şeker, tarçın ve bir miktar vanilya özü ekleyin. İyice birleştirilene kadar her şeyi bir arada ezmek için bir çatal kullanın.
ç) Tereyağı ve tarçın karışımını her bir İngiliz çöreği yarısının bölünmüş tarafına yayın, kenarlara kadar tüm yüzeyi kapladığınızdan emin olun.
d) İngiliz keklerini fırın tepsisine yerleştirin ve 10 dakika pişirin.
e) Muffinleri fırından çıkarın ve ardından fırını ızgara ayarına getirin.
f) Muffinleri altın kahverengiye dönene ve kabarcıklanmaya başlayana kadar kızartın, bu yaklaşık 2 dakika sürecektir. Yanmayı önlemek için onlara yakından bakın.
g) Pastırma ve kekler pişerken, fıstık ezmesini mikrodalgaya dayanıklı bir kaseye ekleyin ve ısıtılıp dökülene kadar mikrodalgada pişirin, bu yaklaşık 30 saniye sürecektir.
ğ) Her bir muffin yarısını ince dilimlenmiş elma tabakasıyla kaplayarak muffinleri birleştirin. Sıcak fıstık ezmesini ince bir akış halinde üstüne gezdirin.
h) Pastırma dilimlerini ikiye bölün veya yırtın ve her muffin yarısına yarım parça pastırma yerleştirin.
ı) Tarçınlı-Şekerli İngiliz Muffinlerinizi servis edin ve tadını çıkarın!

19.Biberiyeli İngiliz Muffinleri

İÇİNDEKİLER:

- 2 Bardak Glutensiz Çok Amaçlı Un
- 2 ½ çay kaşığı Ksantan Sakızı
- 1 çay kaşığı Deniz Tuzu veya Pembe Himalaya Tuzu
- 2 çay kaşığı hazır maya (veya 1 paket hızlı kabaran)
- 2 Büyük Yumurta, hafifçe dövülmüş
- 1 ½ su bardağı şekersiz hindistan cevizi sütü, ısıtılmış
- 2 yemek kaşığı Ghee, eritilmiş
- 2 yemek kaşığı saf akçaağaç şurubu
- 1 yemek kaşığı ince kıyılmış taze biberiye

TALİMATLAR:

a) Fırını önceden 400 dereceye ısıtın.

b) Muffin üst tepsisini (veya normal muffin tepsisini) pişirme spreyi ile hafifçe yağlayın ve bir kenara koyun.

c) Unu, ksantan sakızını, tuzu ve mayayı bir mutfak robotuna koyun ve birleştirmek için nabız atın. Bir kenara koyun.

ç) Bir karıştırma kabında yumurtaları, hindistancevizi sütünü, sade yağı, akçaağaç şurubunu ve biberiyeyi birleştirin. Karıştırmak için çırpın.

d) Mutfak robotu çalışırken, yumurta karışımını yavaşça un karışımına ekleyin ve 2 ½ dakika işleyin.

e) Her muffin kabını ¼ fincan hamurla doldurun, üzerini örtün ve 30 dakika kabarmaya bırakın.

f) Kapağı açın ve 15 dakika pişirin, 8 dakika sonra tavayı çevirin.

g) Muffinlerin tavada hafifçe soğumasını bekleyin, ardından soğutma rafına aktarın.

20.Limonlu Kekik İngiliz Muffin

Yapım: 12

İÇİNDEKİLER:
- Tozunu almak için mısır unu
- 1 yemek kaşığı limon kabuğu rendesi
- 2 yemek kaşığı toz şeker
- 1 buçuk su bardağı beyaz tam buğday unu
- 1 ½ su bardağı çok amaçlı un
- 1 yemek kaşığı kıyılmış taze kekik
- 1 ½ çay kaşığı tuz
- ¼ çay kaşığı karbonat
- 1 yemek kaşığı aktif kuru maya
- 1 bardak şekersiz sade badem sütü (veya tercih edilen süt), 120 ila 130°F'ye ısıtılmış
- ⅓ bardak su, 120 ila 130°F'a kadar ısıtıldı
- 2 yemek kaşığı zeytinyağı

TALİMATLAR:
a) Bir karıştırma kabında limon kabuğu rendesini ve toz şekeri birleştirin. İyice birleşene kadar bunları karıştırın. Bu adım limonun aromasının şekere karışmasına yardımcı olur.

b) Ayrı bir büyük karıştırma kabında beyaz tam buğday ununu, çok amaçlı unu, kıyılmış taze kekiği, tuzu ve kabartma tozunu birlikte çırpın.

c) Aktif kuru mayayı ılık badem sütü ve su karışımının üzerine serpin. Köpük haline gelinceye kadar yaklaşık 5 dakika bekletin.

ç) Maya karışımını un karışımının olduğu kaseye dökün ve limon şekeri karışımını ve zeytinyağını da ekleyin. Bir hamur oluşana kadar her şeyi karıştırın.

d) Hamuru unlu bir yüzeye alıp pürüzsüz ve elastik hale gelinceye kadar yaklaşık 5 dakika yoğurun.

e) Hamuru tekrar karıştırma kabına alın, üzerini temiz bir mutfak havlusuyla örtün ve ılık bir yerde yaklaşık 1 saat veya hacmi iki katına çıkana kadar mayalanmaya bırakın.

f) Hamur mayalandıktan sonra yuvarlayıp tekrar unlanmış tezgahta açın. Yaklaşık yarım santim kalınlığında açın.

g) İngiliz çöreği yuvarlaklarını kesmek için yuvarlak bir kesici veya bir bardağın kenarını kullanın. Yaklaşık 12 tur almalısınız.

ğ) Fırın tepsisini mısır unu ile tozlayın ve üzerine muffin yuvarlaklarını yerleştirin. Üstlerine ilave mısır unu serpin. Üzerlerini mutfak havlusu ile örtüp 20-30 dakika kadar dinlenmeye bırakın.

h) Bir ızgarayı veya büyük bir tavayı orta ateşte önceden ısıtın. Muffinlerin her iki tarafını da yaklaşık 5-7 dakika veya altın rengi kahverengi olana ve iyice pişene kadar pişirin.

ı) Piştikten sonra muffinleri hafifçe soğumaya bırakın ve ardından çatalla açıp kızartın.

i) Ev yapımı limonlu kekikli İngiliz keklerinizi en sevdiğiniz soslar veya soslarla sıcak olarak servis edin. Eğlence!

DOLGULU İNGİLİZ KEKLERİ

21.Vişneli ve Macadamia Dolmalı Muffin

Yapım: 2 porsiyon

İÇİNDEKİLER:
- 2 büyük yumurta
- ½ bardak şekersiz vanilyalı badem sütü
- 2 yemek kaşığı akçaağaç şurubu
- ¼ çay kaşığı vanilya özü
- 1 çay kaşığı öğütülmüş tarçın
- ½ limon suyu
- 2 tam buğdaylı İngiliz çöreği, 1 inçlik küpler halinde kesilmiş
- ¼ bardak macadamia fıstığı
- ½ su bardağı çekirdeği çıkarılmış taze kiraz
- Akçaağaç şurubu (isteğe bağlı)

TALİMATLAR:

a) Fırınınızı 375 derece F'ye (190 derece C) önceden ısıtın.

b) İki ramekini yapışmaz pişirme spreyi ile yağlayın ve bir kenara koyun.

c) Bir kasede yumurtaları, badem sütünü, akçaağaç şurubunu, vanilya özütünü, tarçını ve limon suyunu çırpın.

ç) Başka bir kapta İngiliz çöreği küplerini, macadamia fıstıklarını ve taze kirazları bir araya getirin. Bu karışımı hazırlanan iki ramekin arasında eşit olarak bölün.

d) Yumurta karışımını İngiliz çöreği ve kiraz karışımının üzerine ramekinlere dökün.

e) Ramekinleri önceden ısıtılmış fırına yerleştirin ve yaklaşık 22 ila 25 dakika veya kenarları gevrekleşene ve Fransız usulü tost kapları yerleşene kadar pişirin.

22.Çilek Dolması İngiliz Çöreği

İÇİNDEKİLER:
- 2 yemek kaşığı çilek reçeli
- 1 yemek kaşığı yağı azaltılmış krem peynir
- 1 yumurta
- 1 yumurta beyazı
- 1 çay kaşığı vanilya özü
- 2 çay kaşığı akçaağaç şurubu
- 1 yemek kaşığı şekersiz badem sütü
- Bir tutam tuz
- 2 glutensiz İngiliz çöreği
- Süslemeler: pudra şekeri, saf akçaağaç şurubu, taze çilek

TALİMATLAR:
a) Küçük bir kapta çilek reçeli ve yağı azaltılmış krem peyniri iyice karışana kadar birleştirin.

b) Ayrı, daha geniş bir kapta yumurtayı, yumurta beyazını, vanilya özütünü, akçaağaç şurubunu, badem sütünü ve bir tutam tuzu birlikte çırpın.

c) Her bir İngiliz çöreğinin yan tarafında küçük bir bıçak kullanarak bir yarık açın, diğer tarafı kesmemeye dikkat edin. Bu yarık muffinleri doldurmanıza olanak sağlayacaktır. Çilek ve krem peynir dolgusunu iki muffin arasında eşit şekilde paylaştırın ve dikkatlice kaşıkla yarıklara dökün.

ç) Doldurulmuş İngiliz keklerini yumurta hamurunun içine yerleştirin ve birkaç dakika bekletin. Her iki tarafın da eşit şekilde ıslanmasını sağlamak için bunları çevirin.

d) Tavayı orta-düşük ateşte biraz yapışmaz spreyle ısıtın. Isıtıldıktan sonra, ıslatılmış ve doldurulmuş İngiliz keklerini ilk tarafı pişirmek için tavaya ekleyin. Kapağını kapatıp yanmamasına dikkat ederek yaklaşık 2-3 dakika pişirin. Çevirip tekrar kapatın ve ikinci tarafını da pişirin.

e) Üzerine pudra şekeri, biraz şurup ve taze çilek serperek hemen servis yapın. Eğlence!

23.Nektarin Dolgulu İngiliz Çöreği

İÇİNDEKİLER:

- 2 adet olgun nektarin, çekirdekleri çıkarılmış ve doğranmış
- 4 İngiliz Muffini, ikiye bölünmüş
- 4 büyük yumurta
- ½ bardak süt
- ¼ su bardağı toz şeker
- 1 çay kaşığı vanilya özü
- ½ çay kaşığı öğütülmüş tarçın
- ¼ çay kaşığı tuz
- Tava için tereyağı veya sıvı yağ
- Üzerine serpmek için pudra şekeri (isteğe bağlı)
- Servis için akçaağaç şurubu

TALİMATLAR:

a) Bir karıştırma kabında doğranmış nektarinleri ve bir tutam şekeri birleştirin. Kaplamak için atın ve bir kenara koyun.

b) Ayrı bir kapta yumurtaları, sütü, toz şekeri, vanilya özütünü, tarçını ve tuzu birlikte çırpın. İyice birleşene kadar karıştırın.

c) İngiliz çöreğinin her bir yarısını alın ve alt yarısına bir kaşık dolusu şekerli nektarin sürün. Daha sonra muffinin üst yarısını üstüne yerleştirin ve bir sandviç oluşturun.

ç) Tavayı veya kızartma tavasını orta ateşte ısıtın ve yüzeyi kaplamak için biraz tereyağı veya yemeklik yağ ekleyin.

d) Her bir nektarin dolgulu İngiliz muffin sandviçini yumurta karışımına batırın ve her iki tarafı da eşit şekilde kapladığınızdan emin olun. Fazla yumurta karışımının damlamasına izin verin.

e) Daldırılmış sandviçleri sıcak tavaya yerleştirin ve bir tarafı altın rengi kahverengi olana kadar, genellikle yaklaşık 2-3 dakika pişirin.

f) Sandviçleri çevirin ve diğer tarafı da altın rengi kahverengi olana ve içleri ısınana kadar yaklaşık 2-3 dakika daha pişirin.

g) Bittiğinde, Nektarin Doldurulmuş İngiliz Muffin Fransız Tostunu servis tabaklarına aktarın.

ğ) İsteğe bağlı olarak, ekstra bir tatlılık dokunuşu için pudra şekeri serpin.

h) Üzerine akçaağaç şurubu gezdirerek sıcak olarak servis yapın.

24. Yumurta ve Pastırma Doldurulmuş İngiliz Muffinleri

İÇİNDEKİLER:
- 2 İngiliz çöreği, bölünmüş ve kızartılmış
- 4 büyük yumurta, çırpılmış
- 4 dilim pastırma, çıtır çıtır olana kadar pişirilir
- 4 dilim çedar peyniri
- Tatmak için biber ve tuz

TALİMATLAR:
a) İngiliz çöreğinin yarısını kızartın.
b) Çırpılmış yumurtaları muffin yarımlarına bölün.
c) Her birinin üzerine bir dilim çıtır pastırma koyun.
ç) Üzerine bir dilim çedar peyniri koyun.
d) Tuz ve karabiberle tatlandırın.
e) Sandviç yapmak için muffin yarımlarını bir araya getirin.
f) Sıcak servis yapın.

25. Ispanaklı ve Beyaz Peynirli İngiliz Muffinleri

İÇİNDEKİLER:
- 2 İngiliz çöreği, bölünmüş ve kızartılmış
- 1 su bardağı taze ıspanak, doğranmış ve sarımsakla sotelenmiş
- ½ su bardağı ufalanmış beyaz peynir
- Üzerine sürmek için zeytinyağı

TALİMATLAR:
a) İngiliz çöreğinin yarısını kızartın.
b) Sotelenmiş ıspanakları muffinlerin her yarısına yayın.
c) Ispanakların üzerine ufalanmış beyaz peyniri serpin.
ç) Zeytinyağı gezdirin.
d) Sıcak servis yapın.

26.Sosis ve Biber Dolması İngiliz Muffinleri

İÇİNDEKİLER:

- 2 İngiliz çöreği, bölünmüş ve kızartılmış
- Yarım kiloluk İtalyan sosisi, pişmiş ve ufalanmış
- ½ su bardağı dolmalık biber, ince dilimlenmiş ve sotelenmiş
- ¼ bardak soğan, ince dilimlenmiş ve sotelenmiş
- ½ bardak marinara sosu
- ½ su bardağı rendelenmiş mozzarella peyniri

TALİMATLAR:

a) İngiliz çöreğinin yarısını kızartın.
b) Her muffin yarısına marinara sosunu yayın.
c) Pişmiş sosis, sotelenmiş biber, soğan ve mozzarella peyniri ile katmanlayın.
ç) Peynir eriyip kabarcıklanıncaya kadar piliç altına yerleştirin.
d) Sıcak servis yapın.

27. Avokado ve Domates Doldurulmuş İngiliz Muffinleri

İÇİNDEKİLER:

- 2 İngiliz çöreği, bölünmüş ve kızartılmış
- 1 olgun avokado, püresi
- 1 büyük domates, dilimlenmiş
- Tatmak için biber ve tuz

TALİMATLAR:

a) İngiliz çöreğinin yarısını kızartın.
b) Püre haline getirilmiş avokadoyu muffinlerin her yarısına yayın.
c) Üstlerine domates dilimleri koyun.
ç) Tuz ve karabiberle tatlandırın.
d) Derhal servis yapın.

28.Somonlu ve Krem Peynirli Muffinler

İÇİNDEKİLER:
- 2 İngiliz çöreği, bölünmüş ve kızartılmış
- 4 yemek kaşığı krem peynir
- 4 dilim somon füme
- Süslemek için kırmızı soğan dilimleri, kapari ve taze dereotu

TALİMATLAR:
a) İngiliz çöreğinin yarısını kızartın.
b) Her muffin yarısına 2 yemek kaşığı krem peynir sürün.
c) Üstüne bir dilim füme somon ekleyin.
ç) Kırmızı soğan dilimleri, kapari ve taze dereotu ile süsleyin.
d) Soğutulmuş hizmet.

29. Mantar ve İsviçre Dolması İngiliz Muffinleri

İÇİNDEKİLER:
- 2 İngiliz çöreği, bölünmüş ve kızartılmış
- 1 su bardağı mantar, dilimlenmiş ve sarımsak ve kekikle sotelenmiş
- ½ bardak rendelenmiş İsviçre peyniri
- Tatmak için taze çekilmiş karabiber

TALİMATLAR:
a) İngiliz çöreğinin yarısını kızartın.
b) Sotelenmiş mantarları muffin yarımlarına paylaştırın.
c) İsviçre peynirini mantarların üzerine serpin.
ç) Taze çekilmiş karabiber ile tatlandırın.
d) Sıcak servis yapın.

30.Hindi ve Kızılcık Dolması İngiliz Muffinleri

İÇİNDEKİLER:
- 2 İngiliz çöreği, bölünmüş ve kızartılmış
- 4 yemek kaşığı krem peynir
- 4 dilim hindi
- 4 yemek kaşığı kızılcık sosu

TALİMATLAR:
a) İngiliz çöreğinin yarısını kızartın.
b) Her muffin yarısına 2 yemek kaşığı krem peynir sürün.
c) Her iki yarıya da bir dilim hindi yerleştirin.
ç) Hindinin üzerine 2 yemek kaşığı kızılcık sosunu kaşıkla dökün.
d) Açık yüzlü sandviç olarak servis yapın.

31. Humus ve Sebzeli İngiliz Muffinleri

İÇİNDEKİLER:
- 2 İngiliz çöreği, bölünmüş ve kızartılmış
- 1 su bardağı közlenmiş sebze (biber, kabak, patlıcan vb.)
- ½ bardak humus

TALİMATLAR:
a) İngiliz çöreğinin yarısını kızartın.
b) Her çörek yarısına cömert bir humus tabakası sürün.
c) Üstüne kavrulmuş sebzeler ekleyin.
ç) Sıcak servis yapın.

İNGİLİZ ÇEKİLİ SANDVİÇLER

32.Yumurta Karıştırmalı Sandviçler

Yapım: 4 sandviç

İÇİNDEKİLER:
SANDVİÇLER İÇİN:
- 1 su bardağı rendelenmiş kaşar ve Monterey Jack peyniri
- 4 büyük yumurta, dövülmüş
- ¼ bardak süt
- ¼ bardak doğranmış kırmızı dolmalık biber
- ¼ bardak doğranmış yeşil dolmalık biber
- 1 yemek kaşığı kabaca doğranmış kişniş
- 1 yemek kaşığı ince dilimlenmiş yeşil soğan
- Taze çekilmiş karabiber
- 8 dilim çiğ pastırma
- 4 İngiliz çöreği, yarıya bölünmüş

CHIPOTLE SOSU İÇİN:
- Adobo'da 1 chipotle (tohumların çoğu çıkarılmış; istediğiniz baharatı elde etmek için yavaşça tekrar ekleyebilirsiniz)
- Adobo soslu ¼ çay kaşığı chipotle
- 2 su bardağı sade yoğurt
- 2 yemek kaşığı kişniş
- 2 diş sarımsak

TALİMATLAR:
a) Fırınınızı önceden 350 dereceye ısıtın ve 9x13 güveç kabını yağlayın.

b) Fırın tepsisini folyoyla kaplayın ve pastırma şeritlerini üstüne yerleştirin. Pişirmeye hazır olana kadar kağıdı buzdolabında saklayın.

c) Büyük bir kapta çırpılmış yumurtaları, doğranmış kırmızı dolmalık biberi, doğranmış yeşil dolmalık biberi, ince dilimlenmiş yeşil soğanı, kabaca doğranmış kişnişi, ½ bardak rendelenmiş peynir karışımını ve taze çekilmiş karabiberi iyice birleşene kadar çırpın.

ç) Yumurta karışımını hazırlanan güveç kabına dökün. Hem güveç kabını hem de pastırma tepsisini fırına yerleştirin.

d) 15-20 dakika veya yumurtalar sertleşene ve domuz pastırması istediğiniz gevreklik seviyesine ulaşana kadar pişirin. Son 3-4 dakika içinde İngiliz keklerini kızartmak üzere fırına koyun.

e) Pastırma ve yumurtalar pişerken Chipotle sosunu hazırlayın: Bir mutfak robotunda chipotle adobo biberi, chipotle adobo sosu, sarımsak, sade yoğurt ve kişnişi birleştirin. Karışım iyice birleşene kadar nabız atın. Tadına göre tuzlayın, ardından bir kenara koyun.

f) Pastırmayı fırından çıkarın ve kağıt havluyla kaplı bir yüzeye yerleştirin. Başka bir kağıt havluyla örtün ve bir kenara koyun.

g) Bir bıçak veya kurabiye kesici kullanarak, yumurtalı güveçten İngiliz kekleriyle kabaca aynı boyutta daireler kesin.

ğ) Sandviçleri birleştirin: Taze kızarmış İngiliz çöreğinin yarısının üzerine bir yumurta çırpma dairesi yerleştirin.

h) Kalan peynirin bir kısmını üstüne serpin ve üzerine bir parça Chipotle sosunu cömertçe yayın.

ı) Birkaç pastırma şeridi ekleyin ve taze kişnişle süsleyin.

i) İngiliz çöreğinin diğer yarısını üstüne koyun ve hemen servis yapın.

j) Lezzetli Chipotle Egg Scramble Kahvaltı Sandviçlerinizin tadını çıkarın!

33. Nutellalı ve Muzlu Sandviç

Yapar: 1

İÇİNDEKİLER:
- 1 olgun muz
- 3 yemek kaşığı Nutella
- 2 yemek kaşığı tereyağı
- 1 İngiliz çöreği

TALİMATLAR:
a) Bir tavayı orta ateşte ısıtın.
b) İngiliz çöreğini ikiye bölün ve her tarafını hafifçe yağlayın.
c) İngiliz çöreğinin her dilimi üzerine bol miktarda Nutella sürün.
ç) Olgun muzu dilimler halinde kesin ve Nutella kaplı İngiliz çöreğinin bir tarafına yerleştirin.
d) Nutella kaplı diğer dilimi üstüne yerleştirin ve bir sandviç oluşturun.
e) Sandviçi ısıtılmış tavaya yerleştirin ve bir spatula ile hafifçe bastırın.
f) Nutella'nın erimeye başladığını ve İngiliz çöreğinin altın kahverengi ve çıtır hale geldiğini görene kadar pişirin.
g) Tavadan çıkarın, bir süre soğumasını bekleyin ve ardından istenirse ikiye bölün.

34. Yumurta ve Prosciutto Sandviç

Yapar: 2

İÇİNDEKİLER:
- 2 yumurta, haşlanmış
- Roka, tatmak için
- Prosciutto, tadına göre
- 2 İngiliz çöreği, ikiye bölünmüş ve kızartılmış

SOS:
- 1 yemek kaşığı mayonez
- ¼ çay kaşığı limon suyu
- Küçük bir tutam sarımsak tozu
- Zevkinize biber

TALİMATLAR:
a) Yumurtaları haşlamak için suyu kaynatın. Su ısınırken mayonez, limon suyu, sarımsak tozu ve biberi küçük bir kapta birleştirerek sosu hazırlayın. Baharatları damak tadınıza göre ayarlayın. Sosu bir kenara koyun.
b) Yumurtaları beğeninize göre, dışının sert ve içinin akıcı olması için genellikle yaklaşık 4-5 dakika haşlayın. Yumurtalar pişerken İngiliz keklerini altın kahverengi olana kadar kızartın.
c) Yumurtalar piştikten sonra, onları dikkatlice haşlama suyundan çıkarın ve fazla nemi alması için kağıt havluyla kaplı bir tabağa koyun.
ç) Haşlanmış yumurtaları kızarmış İngiliz çöreği yarımlarının üzerine yerleştirerek sandviçleri birleştirin.
d) Yumurtaların üzerine hazırlanan sos, bol miktarda roka ve prosciutto dilimleri ekleyin.
e) Zarif Brunch Yumurtalı Sandviçinizi hemen servis edin ve tadını çıkarın!
f) Bu sandviç brunch için veya lezzetli ve doyurucu bir yemek istediğiniz her an için mükemmeldir.

35. Izgara Karides İngiliz Muffin Burger

Yapım: 4
İÇİNDEKİLER:
- 5 İngiliz Muffini, bölünmüş
- 1 pound çiğ karides, soyulmuş ve kuyrukları çıkarılmış, kabaca doğranmış
- 1 yumurta beyazı
- 5 yeşil soğan, bölünmüş
- 2 yemek kaşığı. taze doğranmış kişniş
- 1 limonun kabuğu rendesi ve suyu
- 1 çay kaşığı Eski Körfez Baharatı
- 2 çay kaşığı sarımsak tozu, bölünmüş
- Bir tutam tuz ve karabiber
- ⅓ bardak panko galeta unu
- ½ bardak mayonez
- 1 çay kaşığı kereviz tuzu
- İsteğe bağlı Burger malzemeleri: Dilimlenmiş mor soğan, Dilimlenmiş domates, Roka veya körpe ıspanak

TALİMATLAR:
a) Mutfak robotunuzun kasesinde bir İngiliz çöreğini parçalayın ve çok ince kırıntılar oluşana kadar birkaç kez çalıştırın.

b) Karidesin yarısını (diğer yarısını sonraya ayırın), yumurta beyazını, yeşil soğanın beyaz kısımlarını (yeşil kısımlarını sonraya ayırın), kişnişi, limon kabuğu rendesini, Eski Körfez Baharatını, 1 çay kaşığı sarımsak tozunu ve 1 çay kaşığı sarımsak tozunu ekleyin. bir tutam tuz ve karabiber. Karışım kalınlaşıp macun kıvamına gelinceye kadar nabız atın.

c) Karışımı kalan karides ve panko ekmek kırıntılarıyla birlikte bir kaseye dökün. Birleştirmek için karıştırın. Karışımı 4 köfte haline getirin ve bunları parşömen kaplı bir tabağa koyun ve buzdolabında en az 30 dakika bekletin.

ç) Izgarayı orta-yüksek ateşte önceden ısıtın ve yapışmayı önlemek için ızgaraları zeytinyağıyla fırçalayın. Köfteleri dikkatlice ızgaraya yerleştirin ve her tarafını 3 ila 4 dakika pişirin. Izgaradan çıkarın ve servise hazır olana kadar kapalı tutun.

d) Limon sosunu hazırlamak için mayonezi limon suyu, 1 çay kaşığı sarımsak tozu, 1 çay kaşığı kereviz tuzu ve ⅓ su bardağı doğranmış yeşil soğanla karıştırın. Birleştirmek için karıştırın.

e) Ayrılmış İngiliz keklerini çıtır çıtır olana kadar kızartın ve her iki tarafını da sosla kaplayın. Üzerine karides burgerini ve arzu ettiğiniz isteğe bağlı malzemeleri ekleyin.

f) Lezzetli ve yumuşak Izgara Karides Burgerlerinizin tadını çıkarın!

36.Peynirli Yengeç Muffin Sandviç

yapar: 4 porsiyon

İÇİNDEKİLER:
- ⅓ bardak mayonez
- ¼ bardak çok ince kıyılmış kereviz
- 2 yemek kaşığı ince doğranmış soğan
- ½ çay kaşığı sarımsak tozu
- ½ çay kaşığı TABASCO sosu
- 1 (6 ons) yengeç etini toplayabilir
- ⅔ su bardağı rendelenmiş kaşar peyniri
- Kıyılmış taze maydanoz
- 4 İngiliz çöreği, bölünmüş

TALİMATLAR:
a) Broileri önceden ısıtın.
b) Orta boy bir kapta mayonezi, ince kıyılmış kerevizi, doğranmış soğanı, sarımsak tozunu ve TABASCO sosunu birleştirin.
c) Yengeç etini ve rendelenmiş çedar peynirini yavaşça karışıma ekleyin.
ç) Yengeç karışımını bölünmüş İngiliz çöreği yarımlarının 4'üne eşit şekilde dağıtın.
d) Her İngiliz çöreği yarısının üstüne doğranmış taze maydanoz serpin.
e) Hazırlanan İngiliz muffinlerini ızgaranın altına yerleştirin ve peynir eriyene ve karışım kabarcıklı hale gelinceye kadar pişirin. Bu işlem sadece birkaç dakika sürecektir, bu nedenle yanmayı önlemek için gözünüzü üzerlerinde tutun.
f) Altın rengi olup köpürdüklerinde, piliçten çıkarın.
k) İngiliz keklerinin diğer dört yarısını üstüne koyun ve hemen servis yapın.

37. Fırında Şeftali Açık Sandviç

Yapılır: 4 kahvaltılık tost

İÇİNDEKİLER:
- 1 olgun şeftali, yıkanmış, kurutulmuş ve ince dilimlenmiş
- 1 yemek kaşığı zeytinyağı
- 1 taze biberiye dalının yaprakları
- 4 yemek kaşığı krem peynir, ayrılmış
- 2 İngiliz çöreği, bölünmüş

TALİMATLAR:
a) Fırını önceden 425°F'ye ısıtın ve fırın tepsisini parşömen kağıdı veya silpatla kaplayın.
b) Şeftali dilimlerini hazırlanan fırın tepsisine eşit şekilde yayın. Üzerlerine zeytinyağı gezdirin ve taze biberiye yapraklarını serpin. Şeftali dilimlerini yağ ve biberiyeyle kaplayacak şekilde atın.
c) Önceden ısıtılmış fırında 17-20 dakika veya şeftali dilimlerinin suyu yoğunlaşıp karamelleşene, küçülüp hafifçe kırışana kadar pişirin.
ç) Şeftaliler pişerken İngiliz keklerini altın kahverengi olana kadar kızartın. Hala sıcakken İngiliz çöreği yarımlarının her birine 1 çorba kaşığı krem peynir sürün.
d) Şeftalilerin pişmesi bittikten sonra ocaktan alın.
e) Her bir İngiliz çöreği yarısının üzerine 3-4 dilim pişmiş şeftali ekleyin.

38.S'more Muffin Sandviç

Yapar: 1

İÇİNDEKİLER:
- ½ bardak minyatür marshmallow
- ½ su bardağı damla çikolata
- 1 yemek kaşığı kavrulmuş badem
- 1 İngiliz çöreği

TALİMATLAR:
a) Fırınınızı 200°C'ye (400°F) önceden ısıtın.
b) İngiliz çöreğini ikiye bölün ve minyatür marshmallowları ve çikolata parçacıklarını muffin yarımlarının kesilmiş kenarlarına eşit şekilde dağıtın.
c) Yüklenen İngiliz çöreği yarımlarını önceden ısıtılmış fırına yerleştirin ve yaklaşık 2 dakika pişirin.
ç) Onlara göz kulak olun; marshmallowlar erimeye başlayıp altın rengi kahverengi ve kabarık hale geldiğinde, bir sonraki adıma geçme zamanı gelmiştir.
d) Kızartılmış fındıkları sıcak ve yapışkan hatmi-çikolata karışımının üzerine serpin.
e) Marshmallowların yanmamasını sağlayarak kahverengileşmesini ve muhteşem bir şekilde şişmesini bekleyin.
f) Lezzetli S'more Muffin'inizi fırından çıkarın ve hala sıcak ve yapışkan haldeyken servis yapın. Tek porsiyonluk ikramınızın tadını çıkarın!

39.Ispanaklı & Enginarlı Açık Sandviç

İÇİNDEKİLER:
- 1 İngiliz Çöreği
- 1 su bardağı doğranmış dondurulmuş ıspanak, çözülmüş
- 1 ½ su bardağı doğranmış dondurulmuş enginar kalbi, çözülmüş
- 6 ons krem peynir, oda sıcaklığında
- ¼ bardak ekşi krema
- ¼ bardak mayonez
- ⅓ su bardağı rendelenmiş parmesan peyniri
- ½ çay kaşığı kırmızı biber gevreği
- ¼ çay kaşığı tuz
- ¼ çay kaşığı sarımsak tozu
- ½ su bardağı rendelenmiş mozzarella peyniri
- Frenk soğanı

TALİMATLAR:
a) Broilerinizi yüksek sıcaklığa kadar önceden ısıtın.
b) Doğranmış ıspanak ve enginar kalbini 1 su bardağı suda yumuşayana kadar haşlayıp, iyice süzün.
c) Bir karıştırma kabında süzülmüş ıspanak ve enginarları krem peynir, ekşi krema, mayonez, rendelenmiş Parmesan peyniri, pul biber, tuz ve sarımsak tozuyla birleştirin. Tüm malzemeler iyice karışana kadar karıştırın.
ç) İngiliz Muffin'ini ikiye bölün ve yarımları bir fırın tepsisine koyun.
d) Ispanak ve enginar karışımını İngiliz çöreğinin her yarısına eşit şekilde kaşıkla dökün.
e) Karışımın üzerine rendelenmiş mozarella peynirini serpin.
f) Fırın tepsisini piliç altına yerleştirin ve peynir eriyene ve kabarcıklı hale gelinceye kadar pişirin; bu genellikle sadece birkaç dakika sürer. Yanmayı önlemek için gözünüz üzerinde olsun.
g) Broilerden çıkarın ve doğranmış frenk soğanı ile süsleyin.
ğ) Lezzetli Ispanaklı ve enginarlı İngiliz Muffin'inizi sıcakken servis edin ve tadını çıkarın!

40. Fıstık Ezmeli Muzlu Sandviç

İÇİNDEKİLER:

- 2 İngiliz Muffini
- 1 yemek kaşığı tercih ettiğiniz fındık ezmesi
- 1 muz, ince dilimlenmiş
- 1 çay kaşığı bal
- 1-2 yemek kaşığı granola

TALİMATLAR:

a) İngiliz keklerinizi bıçakla veya elinizle yavaşça bölerek başlayın.
b) Güzel bir altın rengine ulaşıncaya kadar onları kızartın.
c) Seçtiğiniz fındık ezmesini her muffin yarısına cömertçe yayın.
ç) Üzerine ince dilimlenmiş muzları ekleyin, üzerine biraz bal dökün ve en sevdiğiniz granolayı serpin.
d) Nefis Fıstık Ezmeli Muzlu İngiliz Muffinlerinizin tadını çıkarın!

41. Açık Yüzlü Pancarlı Humuslu Sandviç

Yapım: 8

İÇİNDEKİLER:
- 2 pancar
- 2 diş sarımsak
- 1 inçlik zencefil parçası
- 3 yemek kaşığı tahin
- Yarım limon suyu
- Yarım limon kabuğu rendesi
- ¼ bardak sızma zeytinyağı
- 1 kutu nohut
- ½ çay kaşığı tuz (damak tadınıza göre ayarlayın)
- ¼ çay kaşığı kırmızı biber
- ¼ çay kaşığı kimyon
- İngiliz muffinleri
- 2 olgun avokado
- Mikro yeşillikler (garnitür için isteğe bağlı)

TALİMATLAR:
a) Fırınınızı 375 derece F'ye önceden ısıtın.
b) Pancarları alüminyum folyoya sarıp fırın tepsisine dizip fırında yaklaşık 45-50 dakika kavurun.
c) Kavrulmuş pancarları soğumaya bırakın, ardından soyun. Kabuğu kolayca çıkmıyorsa, bir süre daha fırına geri koyabilirsiniz.
ç) Bir mutfak robotunda kavrulmuş pancarları, zencefili, sarımsağı, limon suyunu, limon kabuğu rendesini ve nohutları birleştirin. Kıyılana kadar nabız atın. Kasenin kenarlarını kazıyın, ardından tahini ekleyin ve karışım kabaca püre haline gelinceye kadar işlemden geçirin. Yavaş yavaş zeytinyağını ekleyin ve humus pürüzsüz hale gelinceye kadar işleyin.
d) Tadına göre kırmızı biber, kimyon ve tuzu karıştırın.
e) İngiliz keklerini kızartın ve her bir çörek yarısına bol miktarda kavrulmuş pancar humusu sürün.
f) Üzerine olgun avokado dilimlerini ekleyin ve isterseniz mikro yeşilliklerle süsleyin.
g) Açık Yüzlü Kavrulmuş Pancarlı Humuslu Sandviçinizin tadını çıkarın - lezzetli ve canlı bir lezzet!

İNGİLİZ MUFFİN PİZZASI

42.Barbekü Tavuk İngiliz Muffin Pizza

Yapar: 4-5

İÇİNDEKİLER:
- 5 İngiliz çöreği, yarıya bölünmüş
- ¾ bardak en sevdiğiniz pizza sosu
- 1 yemek kaşığı zeytinyağı
- 1 tavuk göğsü, küçük parçalar halinde doğranmış
- 1 çay kaşığı barbekü baharat karışımı
- ⅓ bardak barbekü sosu
- 5-7 adet dilimlenmiş mantar
- ¾ bardak közlenmiş biber, doğranmış
- 1 su bardağı rendelenmiş mozarella peyniri

TALİMATLAR:
a) Fırınınızı önceden 200°C'ye (400°F) ısıtın ve fırın tepsisini alüminyum folyoyla kaplayın.
b) Zeytinyağını bir tavada orta-yüksek ateşte ısıtın.
c) Küp küp doğranmış tavukları soteleyin ve barbekü baharat karışımını ekleyin. Kapağını kapatıp, tavuk altın rengine dönene ve tamamen pişene kadar yaklaşık 10 dakika pişirin. Daha sonra barbekü sosunu ekleyip 2 dakika daha pişirin.
ç) Yarıya bölünmüş İngiliz keklerini hazırlanan fırın tepsisine yerleştirin ve her bir çörek yarısının üzerine pizza sosunun bir kısmını yayın.
d) Muffinlerin üzerine barbekü tavuk, közlenmiş biber, dilimlenmiş mantar ve bol miktarda rendelenmiş mozzarella peyniri ekleyin.
e) Önceden ısıtılmış fırında 8 dakika veya peynir eriyip kabarcıklanıncaya kadar pişirin.

43.Biberli İngiliz Muffin Pizza

Yapım: 6 Porsiyon

İÇİNDEKİLER:
- 2 yemek kaşığı pizza sosu
- 2 yemek kaşığı rendelenmiş mozzarella peyniri
- İnce halkalar halinde dilimlenmiş biberli çubuklar
- İsteğe bağlı malzemeler: sıcak muzlu biber halkaları
- 3 İngiliz çöreği, bölünmüş

TALİMATLAR:
a) Fırınınızı 200°C'ye (400°F) önceden ısıtın.
b) Her İngiliz çöreğini ikiye bölün ve bir fırın tepsisine yerleştirin.
c) Her muffin yarısına bir kat pizza sosu sürün.
ç) Üzerine dilimlenmiş biberli turtalar, peynir ve isteğe bağlı sıcak muzlu biber halkaları ekleyin.
d) Önceden ısıtılmış fırında yaklaşık 10-12 dakika veya kenarları altın rengi olana ve peynir kabarcıklanıp hafifçe kızarıncaya kadar pişirin.
e) Fırından çıkarın ve servis yapmadan önce bir dakika soğumasını bekleyin.

44.Bufalo Tavuklu İngiliz Muffin Pizza

Yapım: 6 Porsiyon

İÇİNDEKİLER:
- 2 yemek kaşığı pizza sosu
- 2 yemek kaşığı rendelenmiş mozzarella peyniri
- Yaklaşık 2 su bardağı pişmiş kıyılmış tavuk
- ⅓ ila ½ fincan Frank's Red Hot
- İsteğe bağlı malzemeler: ufalanmış mavi peynir veya beyaz peynir, doğranmış kereviz yaprakları
- 3 İngiliz çöreği, bölünmüş

TALİMATLAR:
a) Fırınınızı 200°C'ye (400°F) önceden ısıtın.
b) Her İngiliz çöreğini ikiye bölün ve bir fırın tepsisine yerleştirin.
c) Bir kasede kıyılmış tavuğu Frank's Red Hot sosla kaplanana kadar karıştırın.
ç) Her muffin yarısına bir kat pizza sosu ve buffalo tavuk karışımını yayın.
d) İsteğe göre mozzarella peyniri, ufalanmış mavi peynir veya beyaz peynir ve doğranmış kereviz yaprağı ekleyin.
e) Önceden ısıtılmış fırında yaklaşık 10-12 dakika veya kenarları altın rengi oluncaya kadar pişirin.
f) Fırından çıkarın ve servis yapmadan önce biraz soğumalarını bekleyin.

45.Pesto Tavuklu İngiliz Muffin Pizza

Yapım: 6 Porsiyon

İÇİNDEKİLER:
- 2 yemek kaşığı pizza sosu
- 2 yemek kaşığı rendelenmiş mozzarella peyniri
- Yaklaşık 2 su bardağı pişmiş kıyılmış tavuk
- 3-4 yemek kaşığı fesleğen pesto
- İsteğe bağlı tepesi: ufalanmış beyaz peynir
- 3 İngiliz çöreği, bölünmüş

TALİMATLAR:
a) Fırınınızı 200°C'ye (400°F) önceden ısıtın.
b) Her İngiliz çöreğini ikiye bölün ve bir fırın tepsisine yerleştirin.
c) Her muffin yarısına bir kat pizza sosu ve fesleğen pesto sürün.
ç) Üzerine rendelenmiş tavuğu ekleyin ve üzerine mozzarella peyniri ve istenirse ufalanmış beyaz peynir serpin.
d) Önceden ısıtılmış fırında yaklaşık 10-12 dakika veya kenarları altın rengi oluncaya kadar pişirin.
e) Fırından çıkarın ve servis yapmadan önce kısa bir süre soğumasını bekleyin.

46.Vejetaryen İngiliz Muffin Pizza

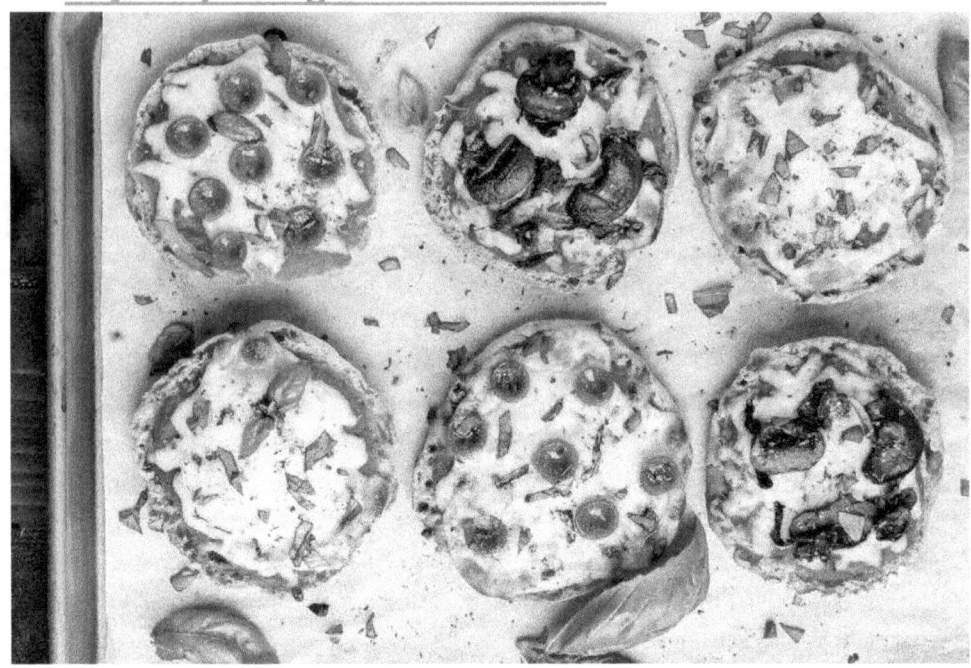

Yapım: 6 Porsiyon

İÇİNDEKİLER:
- 2 yemek kaşığı pizza sosu
- 2 yemek kaşığı rendelenmiş mozzarella peyniri
- Düğme mantarları, dilimlenmiş
- Yeşil biber, doğranmış
- Kırmızı soğan, ince dilimlenmiş veya doğranmış
- Dilimlenmiş kiraz domates
- Dilimlenmiş yeşil zeytin
- 3 İngiliz çöreği, bölünmüş

TALİMATLAR:
a) Fırınınızı 200°C'ye (400°F) önceden ısıtın.
b) Her İngiliz çöreğini ikiye bölün ve bir fırın tepsisine yerleştirin.
c) Her muffin yarısına bir kat pizza sosu sürün.
ç) Üzerine dilimlenmiş mantar, doğranmış yeşil dolmalık biber, ince dilimlenmiş veya doğranmış kırmızı soğan, kiraz domates, mozzarella peyniri ve dilimlenmiş yeşil zeytin ekleyin.
d) Önceden ısıtılmış fırında yaklaşık 10-12 dakika veya kenarları altın rengi oluncaya ve sebzeler yumuşayana kadar pişirin.
e) Fırından çıkarın ve servis yapmadan önce kısa bir süre soğumasını bekleyin.

47.Margherita İngiliz Muffin Pizza'dan Esinlendi

Yapım: 6 Porsiyon

İÇİNDEKİLER:
- 2 yemek kaşığı pizza sosu
- 2 yemek kaşığı rendelenmiş mozzarella peyniri
- Dilimlenmiş kiraz domates
- Taze fesleğen yaprakları (dilimlenmiş veya kabaca doğranmış)
- 3 İngiliz çöreği, bölünmüş

TALİMATLAR:
a) Fırınınızı 200°C'ye (400°F) önceden ısıtın.
b) Her İngiliz çöreğini ikiye bölün ve bir fırın tepsisine yerleştirin.
c) Her muffin yarısına bir kat pizza sosu sürün.
ç) Üzerine dilimlenmiş kiraz domatesleri ve taze fesleğen yapraklarını ekleyin.
d) Üzerine rendelenmiş mozarella peynirini serpin.
e) Önceden ısıtılmış fırında yaklaşık 10-12 dakika veya kenarları altın rengi oluncaya ve peynir kabarcıklanıncaya kadar pişirin.
f) Fırından çıkarın ve servis yapmadan önce kısa bir süre soğumasını bekleyin.

48. Yunan Esintili İngiliz Muffin Pizza

Yapım: 6 Porsiyon

İÇİNDEKİLER:
- 2 yemek kaşığı pizza sosu
- 2 yemek kaşığı rendelenmiş mozzarella peyniri
- Kalamata zeytinleri, dilimlenmiş
- Kırmızı soğan, ince dilimlenmiş veya doğranmış
- Dilimlenmiş kiraz domates
- Ufalanmış beyaz peynir
- 3 İngiliz çöreği, bölünmüş

TALİMATLAR:
a) Fırınınızı 200°C'ye (400°F) önceden ısıtın.
b) Her İngiliz çöreğini ikiye bölün ve bir fırın tepsisine yerleştirin.
c) Her muffin yarısına bir kat pizza sosu sürün.
ç) Üzerine dilimlenmiş kalamata zeytinleri, ince dilimlenmiş veya doğranmış kırmızı soğan ve dilimlenmiş kiraz domatesleri ekleyin.
d) Üzerine mozarella ve ufalanmış beyaz peynir serpin.
e) Önceden ısıtılmış fırında yaklaşık 10-12 dakika veya kenarları altın rengi oluncaya kadar pişirin.
f) Fırından çıkarın ve servis yapmadan önce kısa bir süre soğumasını bekleyin.

49.Tarçınlı Şeker Berry Kahvaltı Pizzaları

Yapar: 1

İÇİNDEKİLER:
TARÇIN ŞEKERİ İÇİN (4 PORSİYONA yetecek):
- ¼ su bardağı toz şeker
- ½ çay kaşığı öğütülmüş tarçın

KAHVALTI PİZZALARI İÇİN (TEK SERVİS):
- 1 İngiliz çöreği, ikiye bölünmüş
- Tereyağı veya margarin
- 2 yemek kaşığı tarçın şekeri (yukarıdaki karışımdan)
- 2 yemek kaşığı krem peynir
- ¼ fincan taze meyveler (dondurulmuş meyvelerin çözülmesi de işe yarar)

TALİMATLAR:
a) Tarçın şekerini karıştırarak başlayın ve bir kenara koyun.
b) Daha sonra, İngiliz keklerini ya mükemmel bir şekilde kızartın ya da kızarana ve hafifçe kızarana kadar 2-3 dakika ızgara altında pişirin.
c) İngiliz çöreğinin her iki yarısına bir kat tereyağı veya margarin sürün.
ç) Hazırlanan tarçın şekerinin yarısını tereyağlı İngiliz çöreği yarımlarının üzerine serpin.
d) Krem peynirini tarçın şekeri tabakasının üzerine cömertçe yayın.
e) Taze meyveleri krem peynirin üzerine eşit şekilde dağıtın.
f) Kalan tarçın şekerini meyvelerin üzerine serperek bitirin.
g) Lezzetli ve doyurucu bir kahvaltı deneyimi için Tarçınlı Şekerli Berry Kahvaltı Pizzalarınızı hemen servis edin.

50.İngiliz Muffin Hawaii Pizza

Yapar: 1

İÇİNDEKİLER:
- 2 yemek kaşığı marinara sosu
- 1 hafif, tam buğdaylı İngiliz çöreği, ikiye bölünmüş
- 2 yemek kaşığı rendelenmiş mozarella peyniri
- 2 dilim şarküteri jambonu, doğranmış
- 2 yemek kaşığı konserve ananas çerezleri, iyi süzülmüş
- 1 yemek kaşığı doğranmış kırmızı soğan

TALİMATLAR:
a) Fırınınızı 350°F'ye önceden ısıtın. Dilerseniz bu tarif için tost makinesini de kullanabilirsiniz. Bir fırın tepsisini folyo ile kaplayın ve folyoya hafifçe pişirme spreyi püskürtün.
b) İngiliz çöreğini hafifçe kızartın.
c) Kızarmış İngiliz çöreğini fırından çıkarın ve her çörek yarısına 1 çorba kaşığı marinara sosunu yayın.
ç) Muffin yarımlarını hazırladığınız fırın tepsisine yerleştirin. Kıyılmış mozzarella peynirini, doğranmış şarküteri jambonunu, süzülmüş ananas parçacıklarını ve doğranmış kırmızı soğanı muffin yarımlarının üzerine eşit olarak dağıtın.
d) Önceden ısıtılmış fırında 8-10 dakika veya üst malzeme iyice ısınıp peynir eriyene ve kabarcıklar çıkana kadar pişirin.

ÇÖREKLER

51.Funfetti Çörekler

İÇİNDEKİLER:
KÖFTELER İÇİN:
- 1 ½ su bardağı çok amaçlı un
- 1 buçuk su bardağı kek unu
- ½ bardak) şeker
- 1 çay kaşığı tuz
- 1 yemek kaşığı kabartma tozu
- 1 ½ yemek kaşığı vanilya özü
- 1 ½ bardak krema artı çörekleri fırçalamak için ¼ bardak
- ½ su bardağı serpme

GLAZÜR İÇİN:
- 1 su bardağı pudra şekeri
- 1 çay kaşığı vanilya özü
- ½ çay kaşığı badem özü
- 4 yemek kaşığı ağır krema

TALİMATLAR:

a) Fırınınızı önceden 425°F'ye ısıtın. Bir fırın tepsisini parşömen kağıdıyla hizalayın ve bir kenara koyun.

b) Büyük bir kapta çok amaçlı un, kek unu, şeker, tuz, kabartma tozu ve serpintileri birleştirin. Kuru malzemeleri iyice birleşene kadar karıştırın.

c) Ağır kremayı ve vanilya özünü kuru karışıma ekleyin. Malzemeler tamamen birleşene kadar karıştırın. Karışım çok kuru görünüyorsa bir miktar krema ekleyin. Çok ıslaksa bir yemek kaşığı un ekleyin.

ç) Hamurunuz iyice birleştiğinde, hafifçe unlanmış bir yüzeye aktarın. Hamuru ¾ inç kalınlığında bir dikdörtgene yerleştirmek için ellerinizi kullanın.

d) Hamuru üçgenler halinde kesin veya çöreklere şekil vermek için bisküvi kesici kullanabilirsiniz. Hamurdan 20'ye yakın üçgen çıkarmayı başardım.

e) Çörekleri hazırlanan fırın tepsisine yerleştirin. Çöreklerin üst kısımlarını biraz yoğun kremayla fırçalayın. Daha sonra fırın tepsisini 15 dakika buzdolabına koyun. Bu dinlenme süresi hamurun dinlenmesini ve kabarmasını sağlar.

f) Çörekleri önceden ısıtılmış fırında yaklaşık 15 dakika veya kenarları güzelce altın rengi kahverengi olana ve çörekler tamamen pişene kadar pişirin. Bittiğinde, bunları fırından çıkarın ve bir soğutma rafına aktarın. 10 dakika soğumalarına izin verin.

g) Çörekler soğurken sırını hazırlayın. Pudra şekeri, vanilya özü, badem özü ve ağır kremayı birlikte çırpın. Kıvamı gerektiği gibi ayarlayın: Çok kalınsa daha fazla krema ekleyin, çok inceyse daha fazla pudra şekeri karıştırın.

ğ) Sırları çöreklerin üzerine gezdirerek ve hoş bir dokunuş için ekstra serpintiler ekleyerek bitirin. Funfetti Çöreklerinizin tadını çıkarın!

52.Kalp Şeklinde Tatlı Çörekler

Yapım: 15 Çörek

İÇİNDEKİLER:
KÖFTELER İÇİN:
- 2 yemek kaşığı ılık su (sıcak değil)
- 1 yemek kaşığı aktif kuru maya
- 1 çay kaşığı toz şeker
- 2 ¾ su bardağı çok amaçlı un
- ¼ bardak şeker
- 3 çay kaşığı kabartma tozu
- 1 çay kaşığı tuz
- 1 bardak soğuk katı yağ
- ⅞ bardak tam yağlı süt
- 1 çay kaşığı vanilya özü

YUMURTA YIKAMA VE ŞEKER ÜSTÜ İÇİN:
- 1 yumurta beyazı
- 2 yemek kaşığı soğuk su
- 2 yemek kaşığı köpüklü beyaz şeker veya pembe dekoratif şeker

TALİMATLAR:
a) Fırınınızı 375°F/191°C'ye önceden ısıtarak ve fırın tepsisini parşömen kağıdıyla kaplayarak başlayın.
b) Küçük bir cam kapta ılık suyu aktif kuru maya ve 1 çay kaşığı toz şekerle birleştirin. Maya karışımının yaklaşık 10 dakika veya orijinal karışımın kabaca dört katı büyüklüğünde bir sünger oluşana kadar kabarmasını bekleyin.
c) Büyük bir kapta çok amaçlı un, şeker, kabartma tozu ve tuzu birlikte eleyin.
ç) Soğuk yağı küçük küpler halinde kesin ve bir hamur karıştırıcısı veya çatal kullanarak, bezelye büyüklüğünde büyük yağ yığınları olan kırıntılara benzeyene kadar katı yağı karışıma ekleyin. Karışımı fazla karıştırmamaya dikkat edin; hala kuru malzeme parçaları olacak.
d) Kırıntı karışımının ortasında bir havuz oluşturun ve sütün tamamını, vanilya ekstraktını ve maya karışımını ekleyin. Karışımı zar zor nemlendirilip bir hamur oluşana kadar yavaşça katlayın. Hala büyük miktarda kuru un kalmış olabilir. Karışım bir araya gelinceye kadar birkaç kez aşağı ve aşağı doğru bastırmak için avucunuzun topuğunu kullanın.

e) Parşömenle kaplı bir çalışma yüzeyine yaklaşık 2 yemek kaşığı un serpin veya eleyin.
f) Hamuru pürüzsüz bir top haline getirin ve hazırlanan çalışma yüzeyine yerleştirin.
g) Hamuru ¾" yüksekliğe kadar hafifçe vurun veya yuvarlayın. 2 ½" kalp şeklinde bir kesici kullanarak çörekleri yukarı-aşağı hareketle kesin. Sürece yardımcı olması için kesiciyi kesimler arasında una batırın. Hamur toplayın artıkları düzeltin, düzeltin ve tekrar kesin.
ğ) Çörekleri parşömen kaplı bir fırın tepsisine aralarında 2 inç boşluk olacak şekilde yerleştirin.
h) Fırın tepsisini sıcak bir yere yerleştirin ve çöreklerin 30 dakika boyunca veya yükseklikleri neredeyse iki katına çıkıp yaklaşık 1 ¼" yüksekliğe ulaşana kadar kabarmasını bekleyin. Çörekler yükselirken fırını önceden 375°F/191°C'ye ısıtın. .
ı) Yumurta beyazını ve 2 yemek kaşığı soğuk suyu köpürene ve iyice birleşene kadar çırpın. Çöreklerin üst kısımlarını yumurta akı hamur yıkamasıyla fırçalayın ve üzerine köpüklü şeker serpin.
i) Çörekleri 8 ila 14 dakika kadar veya sertleşene ve kenarları hafifçe kızarıncaya kadar pişirin. Daha sonra çörekleri fırın tepsisinden soğutma raflarına aktarın.

53.Cadbury Kremalı Yumurta Çörekleri

yapar: 8 porsiyon

İÇİNDEKİLER:
- 8 normal boy Cadbury Kremalı Yumurta
- 3 ¼ bardak çok amaçlı un
- ¼ su bardağı toz şeker
- ¼ bardak paketlenmiş esmer şeker
- 1 yemek kaşığı artı 1 çay kaşığı kabartma tozu
- ¼ çay kaşığı tarçın
- ¼ çay kaşığı tuz
- 3 yemek kaşığı soğuk tereyağı, doğranmış
- 2 su bardağı soğuk ağır krem şanti
- Ham şeker veya Paskalya temalı olmayan pareiller (isteğe bağlı)

TALİMATLAR:
a) Her Cadbury Creme Egg'in folyo ambalajını çıkararak başlayın. Biraz yapışkan olabilse de keskin bir bıçakla kabaca doğrayın. Kıyılmış yumurtaları parşömen veya yağlı kağıtla kaplı bir tavaya veya tabağa aktarın ve eşit bir tabaka halinde bastırın. Tavayı 1-2 saat veya doğranmış yumurtalar ve yapışkan dolgu sertleşinceye kadar dondurucuya koyun.
b) Fırınınızı önceden 375 derece F'ye ısıtın. Bir fırın tepsisini parşömen kağıdıyla kaplayın veya tercih ederseniz bir pişirme taşı (astarsız) kullanın.
c) Büyük bir karıştırma kabında çok amaçlı un, toz şeker, esmer şeker, kabartma tozu, tarçın ve tuzu birlikte çırpın. Soğuk tereyağını bir pasta kesici veya iki bıçak kullanarak iri kırıntılara benzeyene kadar un karışımına kesin.
ç) Cadbury Creme Yumurtalarını dondurucudan çıkarın ve bir kesme tahtasına aktarın. Yumurtaları tekrar küp küp doğrayın. Bunları un karışımına ekleyin ve kaplamak için karıştırın.
d) Soğuk ağır çırpılmış kremayı bir kerede kaseye dökün, ardından malzemeler nemlenene kadar tahta bir kaşıkla yavaşça karıştırın. Hamuru hafifçe unlanmış bir yüzeyin veya hamur işi matının üzerine açın ve bir hamur oluşuncaya kadar çok yavaşça yoğurun. Aşırı karıştırmaktan kaçının; Hamur hafif çatlaklı ve kuru bir görünüme sahip olmalıdır.
e) Hamuru ¾ ila 1 inç kalınlığındaki bir levhaya yavaşça vurun. 2 ½ ila 3 ½ inçlik bisküvi kesici veya yuvarlak bir bardak kullanarak, hamuru yuvarlaklar halinde kesin ve bunları fırın tepsisine veya taşa, aralarında 2

inç aralıklarla aktarın. İsterseniz ham şeker serpin veya her turun üstünü bir kase nonpareil'e batırın.

f)   18 ila 22 dakika kadar veya çörekler güzel bir altın rengine dönene kadar pişirin. Bunları ılık veya oda sıcaklığında servis edin. Artıkları 3 güne kadar hava geçirmez bir kapta saklayın.

g)   Paskalya'yı kutlamak veya biraz tatlılık arzuladığınız herhangi bir gün için mükemmel olan enfes, tuhaf bir kahvaltı ikramı olarak bu Cadbury Kremalı Yumurta Çöreklerinin tadını çıkarın.

54.Amerikan Tarzı Konfeti Çörekler

Yapım: 8

İÇİNDEKİLER
KÖFTELER İÇİN:
- 2 su bardağı sade un
- ⅓ su bardağı pudra şekeri
- 2 ½ çay kaşığı kabartma tozu
- ½ çay kaşığı tuz
- ½ su bardağı beyaz çikolata parçaları
- ¼ fincan Kraliçe Tek Boynuzlu Konfeti serpintisi
- 130g tuzsuz tereyağı, rendelenmiş ve dondurulmuş
- ½ bardak koyulaştırılmış krema
- 1 büyük yumurta
- 2 çay kaşığı limon kabuğu rendesi
- 2 çay kaşığı Kraliçe Vanilya Fasulye Ezmesi
- 2 yemek kaşığı ekstra süt

BUZLANMA İÇİN:
- Kraliçe Kraliyet Buzlanma
- 1 yemek kaşığı limon suyu
- Tek Boynuzlu Konfeti serpilir

TALİMATLAR:
ÇÖREKLER
a) Fırınınızı 190°C'ye (fan fanlı) önceden ısıtarak başlayın. Fırın tepsisini parşömen kağıdıyla kaplayın ve bir kenara koyun.

b) Büyük bir kapta sade un, pudra şekeri, kabartma tozu, tuz, beyaz çikolata parçacıkları ve Tek Boynuzlu At Konfeti'yi birlikte çırpın. Rendelenmiş ve dondurulmuş tuzsuz tereyağını ekleyin, tereyağını dağıtmak ve kaplamak için karıştırın. Bu karışımı bir kenara koyun.

c) Ayrı bir kapta koyulaştırılmış kremayı, yumurtayı, limon kabuğu rendesini ve Vanilya Fasulye Ezmesini birleştirin. İyice birleşene kadar bunları birlikte çırpın. Bu karışımı un karışımının üzerine gezdirin ve her şey tamamen birleşene kadar karıştırın.

ç) Hamuru unlanmış bir yüzeye aktarın. Unlu ellerinizi kullanarak, 20 cm'lik kaba bir disk oluşturacak şekilde hafifçe birbirine bastırın. 8 parçaya bölün ve aralarında yaklaşık 2 cm boşluk kalacak şekilde yavaşça hazırlanan fırın tepsisine aktarın. Çörekleri ekstra sütle fırçalayın ve 18-20 dakika veya hafif altın rengi oluncaya kadar pişirin.

BUZ ÖRTÜSÜ
d) Queen Royal Icing paketinin yarısını alın ve royal icing'i 1 çorba kaşığı limon suyu ve 1 çay kaşığı su ile paket talimatlarını takip ederek hazırlayın. Bu kremayı çöreklerin üzerine gezdirin ve üzerine Tek Boynuzlu At Konfeti serpin.

55.Peynirli ve Soğanlı Çörekler

Şundan oluşur: 6 - 8 çörek

İÇİNDEKİLER:
- 8 yemek kaşığı tuzsuz tereyağı (bölünmüş)
- 1 büyük sarı soğan (veya 2 orta boy soğan, orta zar şeklinde kesilmiş)
- 2 çay kaşığı yağ
- 2 fincan çok amaçlı un
- ¾ çay kaşığı Koşer tuzu
- 1 yemek kaşığı kabartma tozu
- 1 yemek kaşığı taze kekik
- 1 ¼ su bardağı rendelenmiş Gruyere peyniri
- 1 bardak ağır krema artı fırçalamak için 2 yemek kaşığı
- 1 büyük yumurta
- Çırpılmış tereyağı

TALİMATLAR:
a) 7 yemek kaşığı tereyağını rendeleyin ve geri kalan malzemeleri hazırlarken soğukta bekletin. (Rendelenmiş tereyağını çok soğuk tutmak için dondurucuda saklayabilirsiniz.)
b) Kalan bir çorba kaşığı tereyağı ve sıvı yağ ile tavayı orta ateşte önceden ısıtın. Soğanları tavaya ekleyin ve yumuşayana kadar pişirin, bu yaklaşık 5 dakika sürecektir.
c) Isıyı orta-düşük seviyeye düşürün. Soğanlar koyu kahverengi bir renk alana kadar ara sıra karıştırarak yaklaşık 20-30 dakika pişirmeye devam edin. Soğanlar kurumaya başlarsa ateşi kısın veya bir miktar su veya et suyu ekleyin. İstenirse karamelizasyona yardımcı olmak için bir veya iki tutam şeker de ekleyebilirsiniz. Karamelize olan soğanları soğuması için bir kenara koyun.
ç) Fırını önceden 400 dereceye ısıtın ve bir fırın tepsisini parşömen kağıdıyla kaplayın.
d) Büyük bir karıştırma kabında un, kabartma tozu, tuz ve taze kekiği birleştirin. Birleştirmek için çırpın. Rendelenmiş tereyağını ekleyin ve malzemeleri bir araya getirmek için bir çatal kullanın. Soğutulmuş karamelize soğanları ve rendelenmiş peyniri ekleyin, ardından birleştirin.
e) Küçük bir sürahi veya kasede yumurtayı ve kremayı birlikte çırpın. Krema karışımını un karışımına dökün ve birleşene kadar karıştırın. Karışım yapışkan olacak ancak ıslak olmayacak.

f) Hamuru unlanmış bir hamur tahtasına dökün. Hamuru yaklaşık ¾ - 1 inç kalınlığında bir daire şeklinde şekillendirin. 6-8 dilime bölün ve parçaları fırın tepsisine aktarın. Üstlerini yoğun kremayla fırçalayın ve kekik yaprakları serpin.

g) Altın kahverengiye dönmeye başlayana kadar 18-25 dakika pişirin.

ğ) Bu arada istenirse kekik tereyağını da karıştırabilirsiniz.

h) Çırpılmış tereyağına taze kekik yapraklarını ekleyip karıştırın.

ı) Kekik tereyağını çöreklerle birlikte servis edin. Artıklar buzdolabında saklanabilir.

56.Ravent Çörekler

İÇİNDEKİLER:

- 2 fincan çok amaçlı un
- ¼ bardak şeker
- 2 çay kaşığı kabartma tozu
- ½ çay kaşığı karbonat
- ½ çay kaşığı tuz
- ½ su bardağı soğuk tereyağı, küp şeklinde
- ½ bardak doğranmış ravent
- ½ bardak ayran
- 1 çay kaşığı vanilya özü

TALİMATLAR:

a) Fırınınızı önceden 200°C'ye (400°F) ısıtın ve fırın tepsisini parşömen kağıdıyla kaplayın.
b) Büyük bir kapta un, şeker, kabartma tozu, kabartma tozu ve tuzu birlikte çırpın.
c) Soğuk küp küp tereyağını ekleyin ve bir pasta kesici veya parmaklarınızı kullanarak, karışım iri kırıntılara benzeyene kadar kuru malzemeleri kesin.
ç) Kıyılmış raventi karıştırın.
d) Ayrı bir kapta ayran ve vanilya özütünü karıştırın.
e) Ayran karışımını kuru malzemelerin içine dökün ve birleşene kadar karıştırın.
f) Hamuru unlu bir yüzeye çevirin, birkaç kez hafifçe yoğurun ve ardından yaklaşık 1 inç kalınlığında bir daire şeklinde yuvarlayın.
g) Hamuru dilimler halinde kesin ve hazırlanan fırın tepsisine yerleştirin.
ğ) 15-18 dakika veya çörekler altın rengi kahverengi olana kadar pişirin.
h) Servis yapmadan önce biraz soğumalarını bekleyin.

57. Ispanaklı ve Beyaz Peynirli Tuzlu Çörekler

İÇİNDEKİLER:
- 3 su bardağı Çok Amaçlı Un
- 1 yemek kaşığı Kabartma Tozu
- 1 çay kaşığı Tuz
- ¼ çay kaşığı Ezilmiş Kırmızı Biber Gevreği (İsteğe bağlı)
- 6 ons Taze Ispanak
- 1 yemek kaşığı Zeytinyağı
- ½ su bardağı ufalanmış beyaz peynir
- ½ bardak Tuzsuz Tereyağı, Aşırı Soğuk veya Dondurulmuş
- 1 su bardağı Soğuk Süt
- 1 yumurta
- 1 yemek kaşığı Su

TALİMATLAR:
a) Fırınınızı önceden 375°F'ye ısıtarak başlayın ve fırın tepsisini parşömen kağıdı veya silikon fırın tepsisiyle kaplayın.

b) Büyük bir kapta çok amaçlı unu, kabartma tozunu, tuzu ve istenirse isteğe bağlı ezilmiş kırmızı pul biberi birlikte çırpın.

c) Orta boy bir tavaya taze ıspanağı ve zeytinyağını ekleyin. Ispanak çoğunlukla solgunlaşana kadar pişirin. Daha sonra kesme tahtasına alın ve ince ince doğrayın. Kıyılmış, pişmiş ıspanakları un karışımına ekleyin ve eşit şekilde karışana kadar ellerinizle karıştırın. Ufalanmış beyaz peynir üzerinde de aynı işlemi uygulayın.

ç) Aşırı soğuk veya donmuş tuzsuz tereyağını un karışımına kesmek için bir pasta kesici veya peynir rendesi kullanın. Bezelye büyüklüğünde iri parçalar oluşana kadar elinizle karıştırmaya devam edin.

d) Bu noktada karışımı birkaç dakika soğutabilir veya soğuk sütü dökmeye devam edebilirsiniz. Sütü bir araya gelinceye kadar yavaşça hamura yedirin.

e) Hamuru unlanmış bir yüzeye açın, iki ila üç kez yoğurun ve ardından yaklaşık ¾ inç kalınlığa kadar açın. Hamuru her biri 2 inç boyutunda 20-24 daireye kesin ve hazırlanan fırın tepsisine yerleştirin.

f) Yumurtayı ve suyu birlikte çırpın ve çöreklerin üstlerini yumurta yıkamasıyla fırçalayın.

g) Çörekleri 20 dakika veya altın rengine dönene kadar pişirin.

ğ) Fırından sıcakken bu nefis tuzlu çöreklerin tadını çıkarın veya enfes lezzetlerinin tadını çıkarmadan önce hafifçe soğumalarını bekleyin.

58.Közlenmiş Kırmızı Biber Çörekleri

Şunu yapar: 8 ila 10 çörek

İÇİNDEKİLER
- 3 su bardağı çok amaçlı un
- 1 yemek kaşığı kabartma tozu
- ½ çay kaşığı karbonat
- 1 çay kaşığı tuz
- 2 çay kaşığı iri öğütülmüş karabiber
- 8 yemek kaşığı soğuk tereyağı, ¼ inç küpler halinde kesilmiş
- ⅓ bardak taze frenk soğanı
- ½ su bardağı rendelenmiş kaşar
- ⅓ bardak kavrulmuş, soyulmuş ve doğranmış küçük kırmızı dolmalık biber
- ⅓ bardak kavrulmuş, soyulmuş ve doğranmış küçük sarı dolmalık biber
- 1 ila 1 ¼ bardak ayran
- 1 yumurta, dövülmüş

TALİMATLAR:
a) Fırınınızı 500 derece F'ye önceden ısıtın.
b) Bir mutfak robotunda unu, kabartma tozunu, kabartma tozunu, tuzu ve karabiberi kısaca karıştırın (yaklaşık 3 bakliyat). Soğuk tereyağını ekleyin ve karışım "unlu" bir kıvama gelinceye kadar işlem yapın.
c) Taze frenk soğanı, rendelenmiş kaşar ve közlenmiş kırmızı biberleri ekleyin. Her şeyi birleştirmek için kısaca işlem yapın.
ç) Karışımı geniş bir kaseye aktarın, 1 bardak ayran ekleyin ve karıştırarak nemlendirin. Gerekirse ¼ bardağa kadar daha fazla ayran ekleyin.
d) Hamuru unlanmış bir yüzeye yerleştirin ve yaklaşık ¾ ila 1 inç kalınlığında bir disk haline getirin. Diski dilimler halinde kesin, ardından her dilimin üstünü çırpılmış yumurtayla fırçalayın.
e) Çörekleri bir kurabiye kağıdına yerleştirin ve yaklaşık 15 ila 20 dakika veya altın rengi oluncaya kadar pişirin.
f) Çörekleri bir rafa aktarın ve oda sıcaklığına soğumalarını bekleyin.
g) Közlenmiş kırmızı biber, kaşar ve frenk soğanı lezzetlerini içeren bu lezzetli çöreklerin tadını çıkarın. Keyifli bir atıştırmalık veya en sevdiğiniz yemeğin yanında mükemmel.

59. Güneşte Kurutulmuş Domates ve Fesleğen Çörekler

İÇİNDEKİLER:

- 2 fincan çok amaçlı un
- 1 yemek kaşığı kabartma tozu
- 1 yemek kaşığı şeker
- ½ çay kaşığı tuz
- ½ - 1 çay kaşığı çekilmiş karabiber
- 3 yemek kaşığı kıyılmış taze maydanoz
- 2 yemek kaşığı doğranmış taze fesleğen veya 2 çay kaşığı kuru fesleğen
- ⅓ bardak tereyağı
- ½ bardak yağda paketlenmiş, iyi süzülmüş ve ince doğranmış güneşte kurutulmuş domates
- ½ bardak süt
- 1 yumurta, hafifçe dövülmüş
- Zeytinyağı veya eritilmiş tereyağı

TALİMATLAR:

a) Fırınınızı önceden 400 dereceye ısıtın.
b) Bir kapta kuru malzemeleri ve otları (ilk 7 malzeme) karıştırın.
c) Karışım kaba mısır unu gibi görünene kadar tereyağını karıştırın.
ç) İnce doğranmış güneşte kurutulmuş domatesleri karıştırın.
d) Sütü çırpılmış yumurtayla karıştırın, ardından bu karışımı un karışımına ekleyerek nemli hale gelinceye kadar karıştırın.
e) Hamuru 8 ila 10 kez yavaşça yoğurun, ardından yağlanmamış bir fırın tepsisine 6 inçlik bir daire şeklinde hafifçe vurun.
f) Hamuru 8 parçaya bölün ve hafifçe ayırın.
g) Çörekler altın rengine dönene kadar pişirin, bu yaklaşık 15 ila 20 dakika sürecektir.
ğ) Çörekleri terbiyeli zeytinyağı veya eritilmiş tereyağı ile fırçalayın.
h) Güneşte kurutulmuş domates, fesleğen ve karabiberin enfes birleşimi olan bu lezzetli çöreklerin tadını çıkarın. Atıştırmalık olarak veya en sevdiğiniz yemeğin yanında mükemmeldir.

60.Kabak Kaşarlı Çörekler

Yapım: 8 çörek

İÇİNDEKİLER:
- 2 ve ½ su bardağı + 1 yemek kaşığı çok amaçlı un, bölünmüş
- ½ çay kaşığı tuz
- 1 yemek kaşığı kabartma tozu
- ½ çay kaşığı karbonat
- ¼ su bardağı toz şeker
- 1 çubuk (4 ons) tuzsuz tereyağı, soğuk ve küçük parçalar halinde kesilmiş
- 1 büyük yumurta, dövülmüş
- ½ bardak tam yağlı ekşi krema
- ⅔ bardak kabak, rendelenmiş ve suyu süzülmüş
- ¾ bardak keskin kaşar peyniri, rendelenmiş, bölünmüş

TALİMATLAR:
a) Fırınınızı önceden 400°F'ye ısıtın. Büyük bir fırın tepsisini parşömen kağıdı veya yapışmaz bir fırın matı ile kaplayın; bir kenara koyun.
b) Büyük bir kapta 2,5 su bardağı un, tuz, kabartma tozu, kabartma tozu ve şekeri karıştırın.
c) Çok soğuk tereyağını küçük küpler halinde kesin ve kaba bir yemek gibi görünene kadar parmaklarınızı kullanarak hızlı bir şekilde karışıma ekleyin.
ç) Küçük bir kapta çırpılmış yumurtayı ve ekşi kremayı birlikte çırpın, ardından bunları un ve tereyağı karışımına ekleyin.
d) Başka bir küçük kapta, kalan yemek kaşığı un, rendelenmiş kabak ve ½ bardak peyniri birleştirin; kaplayın, ardından bu karışımı çörek karışımına ekleyin. İyice birleşene kadar bunları bir spatula ile yavaşça hamurun içine katlayın.
e) Biraz tüylü hamuru temiz, unlanmış bir çalışma yüzeyine dökün ve hamuru 8 inçlik bir daireye şekillendirin (bir araya getirmek için biraz çalışmanız ve yoğurmanız gerekebilir). Hamuru 8 dilime kesin ve hazırlanan fırın tepsisine dikkatlice aktarın. Her çörek üzerine kalan peynirden biraz serpin.
f) 22-24 dakika veya çörekler tamamen pişip üstleri altın rengi kahverengi olana kadar pişirin.
g) Çörekleri sıcak olarak servis edin!
ğ) Keyifli bir kahvaltı veya atıştırmalık olarak keskin çedar peyniri ve kabakla doldurulmuş bu lezzetli çöreklerin tadını çıkarın.

61.Peynir ve Brokoli Çörekler

İÇİNDEKİLER:

- 125g brokoli
- 250 gr sade un
- 2 çay kaşığı kabartma tozu
- 70g tuzsuz tereyağı, soğutulmuş, küp şeklinde kesilmiş
- 125 gr kaşar, ince rendelenmiş
- 100ml tam yağlı süt, ayrıca üzerini kaplamak için biraz daha fazla
- 1 büyük yumurta, çırpılmış

TALİMATLAR:

a) Fırını önceden 180°C'ye ısıtın.
b) Brokoliyi bir rende kullanarak kabaca rendeleyin ve sapını değil esas olarak çiçeklerini kullandığınızdan emin olun.
c) Unu ve kabartma tozunu bir karıştırma kabına eleyin. Soğutulmuş tereyağı küplerini ekleyin ve karışım ekmek kırıntısı görünümü alana kadar parmak uçlarınızla ovalayın. Rendelenmiş brokoli ve kaşar peynirini ekleyip karıştırın.
ç) Sütü ve yumurtayı ekleyip bıçakla karıştırın. Karışım bir araya gelmeye başladığında, ellerinizi kullanarak hamuru tek bir topak haline getirin. Karışım çok kuru görünüyorsa bir miktar süt ekleyin. Eğer hafif yapışıyorsa fazladan bir yemek kaşığı un ekleyin. Hafif, havadar çörekler için karışımı fazla kullanmaktan kaçının.
d) Çalışma yüzeyini biraz unlayın ve hamuru yaklaşık 2 cm kalınlığında açın. 10 eşit parçaya bölün ve isterseniz yuvarlak şekil verin.
e) Çörekleri fırın tepsisine yerleştirin ve üzerini biraz sütle yağlayarak sırlayın. Fırında 16-18 dakika veya kabarıp hafif altın rengi kahverengiye dönene kadar pişirin. Bu çörekler hava geçirmez bir kapta 2-3 gün saklanabilir. Eğlence!

62.Nane Çörekleri

İÇİNDEKİLER:

- 2 fincan çok amaçlı un
- ¼ bardak şeker
- 1 yemek kaşığı kabartma tozu
- ¼ çay kaşığı tuz
- ½ bardak tuzsuz tereyağı, soğuk ve küçük parçalar halinde kesilmiş
- ½ su bardağı doğranmış taze nane yaprağı
- ⅔ bardak ağır krema
- 1 büyük yumurta
- 1 çay kaşığı vanilya özü

TALİMATLAR:

a) Fırını önceden 400°F'ye ısıtın ve bir fırın tepsisini parşömen kağıdıyla kaplayın.
b) Büyük bir kapta un, şeker, kabartma tozu ve tuzu birlikte çırpın.
c) Karışım iri kırıntılara benzeyene kadar tereyağını bir hamur karıştırıcısı veya parmaklarınızı kullanarak kesin.
ç) Kıyılmış nane yapraklarını karıştırın.
d) Ayrı bir kapta kremayı, yumurtayı ve vanilya özünü birlikte çırpın.
e) Islak malzemeleri kuru malzemelere ekleyin ve karışım bir araya gelinceye kadar hamur haline gelinceye kadar karıştırın.
f) Hamuru hafifçe unlanmış bir yüzeye alıp kısa süre yoğurun.
g) Hamuru yaklaşık 1 inç kalınlığında bir daireye yerleştirin.
ğ) Daireyi 8 parçaya bölün.
h) Takozları hazırlanan fırın tepsisine yerleştirin.
ı) 18-20 dakika veya çörekler hafif altın rengi kahverengi olana ve iyice pişene kadar pişirin.
i) Servis yapmadan önce çöreklerin birkaç dakika soğumasını bekleyin.
j) Eğlence!

63.Doğum Günü Pastası Çörekler

İÇİNDEKİLER:
KÖFTELER İÇİN:
- 2 fincan çok amaçlı un
- ¼ su bardağı toz şeker
- 2 çay kaşığı kabartma tozu
- ½ çay kaşığı tuz
- ½ bardak tuzsuz tereyağı, soğuk ve küp şeklinde
- ½ bardak ayran
- 1 çay kaşığı vanilya özü
- ¼ bardak renkli sprinkles

GLAZÜR İÇİN:
- 1 su bardağı pudra şekeri
- 2 yemek kaşığı süt
- ½ çay kaşığı vanilya özü
- Garnitür için ilave sprinkles (isteğe bağlı)

TALİMATLAR:
a) Fırınınızı önceden 200°C'ye (400°F) ısıtın ve fırın tepsisini parşömen kağıdıyla kaplayın.
b) Büyük bir karıştırma kabında un, toz şeker, kabartma tozu ve tuzu birlikte çırpın.
c) Soğuk küp tereyağını kuru malzemelere ekleyin. Tereyağını un karışımına kaba kırıntılara benzeyene kadar kesmek için bir pasta kesici veya parmaklarınızı kullanın.
ç) Ayrı bir kapta ayran ve vanilya özütünü birlikte çırpın.
d) Ayran karışımını yavaş yavaş kuru malzemelere dökün, birleşene kadar karıştırın.
e) Aşırı karıştırmamaya ve canlı renkleri kaybetmemeye dikkat ederek renkli serpintileri yavaşça katlayın.
f) Hamuru hafifçe unlanmış bir yüzeye aktarın. Yaklaşık 1 inç kalınlığında bir daire veya dikdörtgen şeklinde şekillendirin.
g) Keskin bir bıçak veya pasta kesici kullanarak hamuru tercih ettiğiniz şekil ve boyuta göre dilimler veya kareler halinde kesin.
ğ) Çörekleri hazırlanan fırın tepsisine, her çörek arasında biraz boşluk bırakarak yerleştirin.
h) Çörekleri önceden ısıtılmış fırında yaklaşık 15-20 dakika veya altın kahverengi olana ve tamamen pişene kadar pişirin.

ı) Çörekler pişerken sırını hazırlayın. Bir karıştırma kabında pudra şekeri, süt ve vanilya özünü pürüzsüz ve kremsi bir kıvama gelinceye kadar çırpın.

i) Çörekler piştikten sonra fırından çıkarın ve tel ızgara üzerinde birkaç dakika soğumaya bırakın.

j) Sırları sıcak çöreklerin üzerine gezdirin, yanlardan aşağı akmasını sağlayın.

k) İsteğe bağlı: Ekstra şenlikli bir dokunuş için sırın üzerine ilave renkli serpiştirin.

l) Doğum günü pastası çöreklerini servis etmeden önce sırın birkaç dakika soğumasını bekleyin.

64. Kapuçino Çörekler

İÇİNDEKİLER:

- 2 fincan çok amaçlı un
- ¼ su bardağı toz şeker
- 2 yemek kaşığı hazır kahve granülü
- 1 yemek kaşığı kabartma tozu
- ½ çay kaşığı tuz
- ½ bardak soğuk tuzsuz tereyağı, küp şeklinde
- ½ bardak ağır krema
- ¼ fincan güçlü demlenmiş kahve, soğutulmuş
- 1 çay kaşığı vanilya özü
- ½ su bardağı yarı tatlı çikolata parçacıkları (isteğe bağlı)
- 1 yumurta (yumurta yıkamak için)
- Kaba şeker (serpmek için, isteğe bağlı)

TALİMATLAR:

a) Fırınınızı önceden 200°C'ye (400°F) ısıtın ve fırın tepsisini parşömen kağıdıyla kaplayın.

b) Büyük bir karıştırma kabında un, toz şeker, hazır kahve granülleri, kabartma tozu ve tuzu birlikte çırpın.

c) Soğuk küp tereyağını kuru malzemelere ekleyin. Tereyağını kuru karışıma kaba kırıntılara benzeyene kadar karıştırmak için bir pasta kesici veya parmaklarınızı kullanın.

ç) Ayrı bir kapta kremayı, demlenmiş kahveyi ve vanilya özünü birleştirin.

d) Islak malzemeleri kuru karışıma dökün ve birleşene kadar karıştırın. İstenirse yarı tatlı çikolata parçacıklarını da katlayın.

e) Hamuru unlu bir yüzeye alın ve bir araya gelinceye kadar birkaç kez hafifçe yoğurun.

f) Hamuru yaklaşık 1 inç kalınlığında bir daireye yerleştirin. Daireyi 8 parçaya bölün.

g) Çörekleri hazırlanan fırın tepsisine yerleştirin. Yumurtayı çırpın ve çöreklerin üst kısımlarına sürün. Kullanıyorsanız kaba şeker serpin.

ğ) Önceden ısıtılmış fırında 15-18 dakika veya çörekler altın rengi kahverengi olana ve ortasına batırdığınız kürdan temiz çıkana kadar pişirin.

h) Servis yapmadan önce kapuçino çöreklerinin tel ızgara üzerinde soğumasını bekleyin.

65.Yulaf ezmeli tarçınlı çörekler

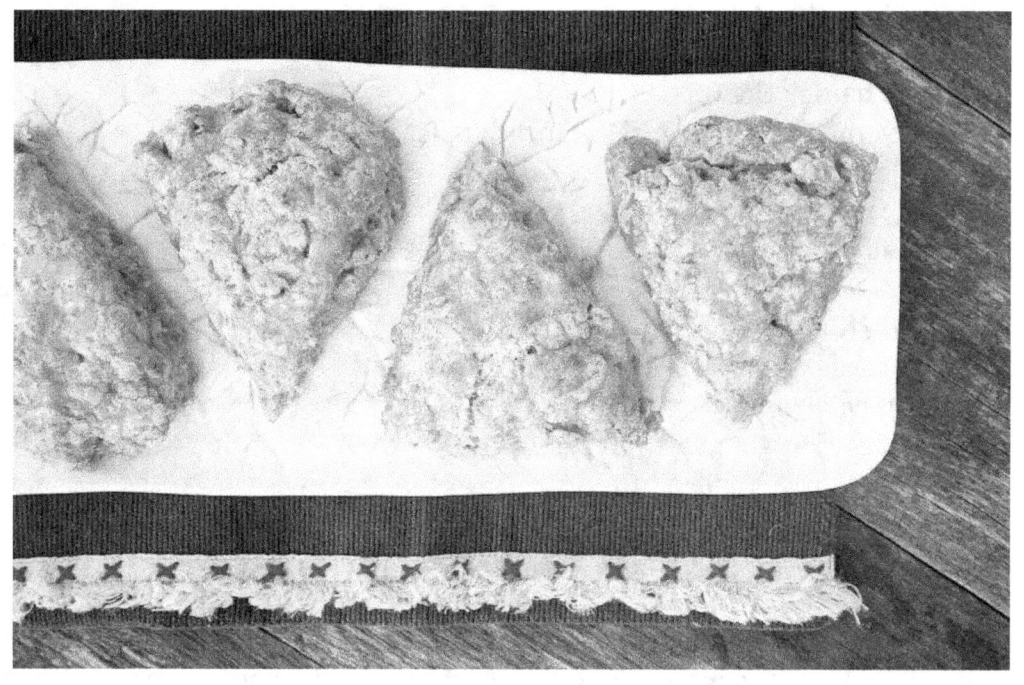

Yapım: 6 Porsiyon
İÇİNDEKİLER:
- ¼ bardak yulaf ezmesi
- 1 çay kaşığı Tuz
- 1¾ bardak Un
- 6 yemek kaşığı Tereyağı, ½ inçlik küpler halinde kesilmiş
- ¼ bardak Şeker
- 1 çay kaşığı Tarçın
- ½ fincan Ayran VEYA:
- ½ fincan Krem VEYA:
- ½ bardak Süt
- ¼ bardak esmer şeker, paketlenmiş
- 1 büyük Yumurta, dövülmüş
- 1½ çay kaşığı Kabartma tozu
- 2 çay kaşığı Vanilya özü
- 1 çay kaşığı Kabartma tozu
- ⅛ çay kaşığı rendelenmiş portakal kabuğu rendesi

TALİMATLAR:
a) Rafı fırının ortasına yerleştirin ve 375 dereceye kadar önceden ısıtın.
b) Büyük bir kaseye un, şeker, kabartma tozu, kabartma tozu ve tuzu eleyin. Yulaf ezmesini ekleyip karıştırın. Tereyağı küplerini un karışımının üzerine dağıtın. Parmak uçlarınızı kullanarak, tereyağlı dilimleri, karışım kaba bir öğüne benzeyene kadar hızlı bir şekilde un karışımına sürün.
c) Orta boy bir kapta ayran, yumurta, vanilya ve kabuğu rendesini karıştırın.
ç) Sıvı karışımı unlu karışıma ekleyin. Büyük bir kauçuk spatulayla, mümkün olduğunca az vuruşla, hamur nemlenip birbirine yapışmaya başlayana kadar yavaşça karıştırın. Hamuru mümkün olduğu kadar az ele alarak, tüm malzemeler tamamen birleşene kadar karıştırın.
d) ⅓-c kullanarak. Ölçü kabını kullanarak, hamuru yağlanmamış bir fırın tepsisine, çörekler arasında en az 1 inç kalacak şekilde bırakın.
e) Çörekler altın rengi kahverengi olana kadar 16 ila 18 dakika pişirin. Çörekleri tel raf üzerine yerleştirilmiş fırın tepsisinde 5 dakika soğutun. Zihinsel bir spatula kullanarak çörekleri tel ızgaraya aktarın ve tamamen soğutun.
f) Sıcak servis yapın veya tamamen soğutulmuş çörekleri oda sıcaklığında hava geçirmez bir kapta saklayın.

66.Zencefil ve Frenk Üzümü Çörekleri

Şunu yapar: 8 ila 10 çörek

İÇİNDEKİLER:
- 1 yumurta, dövülmüş
- 3 yemek kaşığı esmer şeker, paketlenmiş
- 1 çay kaşığı rom veya rom aromalı ekstrakt
- 1 çay kaşığı kabartma tozu
- 2 yemek kaşığı süt
- 1 fincan çok amaçlı un
- ¼ fincan tereyağı, yumuşatılmış
- ¾ bardak kuş üzümü
- 2 yemek kaşığı şekerlenmiş zencefil, doğranmış

TALİMATLAR:
a) Büyük bir kapta, tüm malzemeleri iyice karışana kadar karıştırın. Hamuru 8 ila 10 topa bölün; düzleştirmek.
b) Yağlanmamış fırın tepsisine çörekleri dizin.
c) 350 derecede 15 dakika veya altın rengi olana kadar pişirin.

67. Balkabaklı pasta baharatlı çörek kurabiyeleri

İÇİNDEKİLER:

- 1 ¼ bardak Kabak Püresi, süzülmüş
- 2 çay kaşığı Tarçın
- 2 çay kaşığı Garam Masala
- 1 yemek kaşığı Hindistan Cevizi Yağı Pişirme Spreyi
- 2 büyük Yumurta
- 1 çay kaşığı Vanilya Ekstraktı
- 1 çay kaşığı Kabartma Tozu
- 1 su bardağı Badem Unu
- ¼ bardak Tereyağı
- ¼ bardak Balkabağı Turtası Baharatı

TALİMATLAR:

a) Kış Kabağınızı ve iyi bir bıçak fırınını 400F'ye toplayarak başlayın.
b) Balkabağını ikiye bölün. Gerekirse tırtıklı bir bıçak veya keskin bir şef bıçağı kullanabilirsiniz.
c) Tohumlar da dahil olmak üzere kabakların tüm "bağırsaklarını" kazıyın. Tohumları daha sonra atıştırma amacıyla kavurmak üzere saklayabilirsiniz, ancak ben genellikle onları atıyorum.
ç) Kabağı doğal şeklin oluklarıyla uyum içinde dilimleyin.
d) Parşömen kağıdıyla kaplı bir kurabiye kağıdına, her bir kabak parçasını yatırın ve üzerine hindistancevizi yağı püskürtün. Tarçın ve garam masala ile tatlandırın ve ardından tüm dilimleri çevirin ve her iki tarafın da baharatlanması için tekrarlayın.
e) Kabağı yaklaşık 30-35 dakika veya çatal dokunuşuyla yumuşayana kadar pişirin.
f) Bir mutfak robotuna yaklaşık 1 bardak değerinde kabak ekleyin.
g) Kabağı kalın bir macun oluşana kadar işleyin ve ardından 2 yumurta ile bir kapta karıştırın. Balkabağı püresi kullanıyorsanız tülbent yardımıyla içindeki nemi iyice sıktığınızdan emin olun.
ğ) Geri kalan malzemeleri (tereyağı, badem unu, kabartma tozu, vanilya, Torani şurubu) ekleyin. Çatalla iyice karıştırın, yoksa ellerinizle dağıtabilirsiniz (en sevdiğim yöntem). Bunun çok yapışkan olacağını unutmayın.
h) Fırını 350F'ye düşürün. Hamurlu kurabiyeler için kaşık veya küçük dondurma kepçesi kullanın.
ı) Kurabiyeleri 20-25 dakika veya dışı sertleşip içi hâlâ yumuşak olana kadar pişirin.
i) İkiye dilimleyip aralarına en sevdiğiniz dolguyu kaşıkla veya sıkarak servis yapın!

68.Tarçınlı kahve çörekler

Yapım: 12 Porsiyon

İÇİNDEKİLER:
- 2 su bardağı Kendiliğinden kabaran un
- 2 çay kaşığı Tarçın
- 6 yemek kaşığı Şeker
- ¾ su bardağı tuzsuz tereyağı
- 2 yumurta
- ¼ fincan Güçlü demlenmiş Folgers Kahvesi
- ¼ bardak Süt
- ½ su bardağı Altın kuru üzüm
- ½ su bardağı kıyılmış ceviz
- Üzeri için ekstra süt ve şeker

TALİMATLAR:
a) Unu, tarçını ve şekeri birlikte karıştırın. Tereyağını yemek kaşığı parçalar halinde kesin ve kuru karışıma karıştırın.
b) Yumurta, kahve ve sütü karıştırın. Yumuşak bir hamur oluşturmak için kuru karışımı karıştırın. Meyveleri ve fındıkları karıştırın. Unlanmış bir tahtanın üzerine açın ve hamuru yaklaşık ½ inç kalınlığında bir daire şeklinde hafifçe vurun. Unlu bisküvi kesiciyle yuvarlaklar kesin ve yağlanmış bir fırın tepsisine yerleştirin.
c) Üstlerine hafifçe süt sürün ve önceden ısıtılmış 400 F. fırında 12-15 dakika veya altın kahverengi olana kadar pişirin. Sıcak servis yapın.

69. Portakallı Tarçınlı Çörekler

İÇİNDEKİLER:
- 1 yemek kaşığı altın keten tohumu
- 1 ½ çay kaşığı tarçın
- ½ çay kaşığı tuz
- 7 yemek kaşığı + 1 yemek kaşığı hindistan cevizi unu
- ½ çay kaşığı kabartma tozu
- Bir portakalın kabuğu rendesi
- ¼ bardak tereyağı, tuzsuz, küp şeklinde
- ¼ bardak eritritol
- ¼ çay kaşığı stevia
- 2 yumurta
- 2 yemek kaşığı akçaağaç şurubu
- ½ çay kaşığı ksantan sakızı
- ⅓ bardak ağır krema
- 1 çay kaşığı vanilya

BUZLANMA İÇİN:
- 20 damla stevia
- 1 yemek kaşığı portakal suyu
- ¼ bardak hindistan cevizi yağı

TALİMATLAR:

a) Fırını 400 F'ye ayarlayın.

b) Ksantan ve 1 yemek kaşığı hindistan cevizi unu hariç tüm kuru malzemeleri bir kaseye koyun. Kuru karışıma tereyağı ekleyin ve birleştirmek için karıştırın.

c) Tatlandırıcıyı ve yumurtaları iyice karışana ve rengi açık olana kadar birleştirin. Akçaağaç şurubunu, kalan unu, ksantan sakızını, kremayı ve vanilyayı ekleyin; birleştirilene ve kalınlaşana kadar karıştırın.

ç) Islak karışımı kuruya ekleyin, 2 yemek kaşığı sıvı ayırın, karıştırın ve tarçını ekleyin ve karışımı ellerinizle hamur haline getirin. Top haline getirin ve kek benzeri bir şekle bastırın. 8 parçaya bölün.

d) Astarlı bir fırın tepsisine yerleştirin ve çöreklerin üstünü fırçalamak için ayrılmış sıvıyı kullanın.

e) 15 dakika pişirin, fırından çıkarın ve soğutun.

f) Servis yapmadan önce kremayı hazırlayın ve çöreklerin üzerine gezdirin.

70.Herşey simit Çörekler

İÇİNDEKİLER:
- 2 fincan çok amaçlı un
- ½ bardak tereyağı, rendelenmiş
- ¼ su bardağı kaşar peyniri, rendelenmiş
- 1 ½ çay kaşığı kabartma tozu
- ½ çay kaşığı karbonat _
- 1 yemek kaşığı Herşey Simit Baharatı
- ½ çay kaşığı koşer tuzu
- 1 çay kaşığı şeker _
- 1 yumurta
- ⅓ bardak ağır krema

ÜSTÜ İÇİN:
- 2 yemek kaşığı ağır krema
- 1 yemek kaşığı Herşey Simit Baharatı

TALİMATLAR:
a) Fırını 400 dereceye kadar önceden ısıtın
b) Büyük bir kapta un, kabartma tozu, kabartma tozu, simit baharatının tamamı, tuz ve şekeri birleştirin. Birleştirilene kadar iyice karıştırın.
c) Daha sonra SOĞUK rendelenmiş tereyağı ve peyniri ekleyin. Ellerinizle yavaşça atın. Bir kenara koyun.
ç) Başka bir kapta yumurta ve kremayı çırpıp unlu karışıma dökün.
d) Bir spatula yardımıyla un yeni karışmaya başlayıncaya kadar hamuru karıştırın. Temiz bir çalışma yüzeyine dökün ve un ve karışım tamamen birleşene kadar hamuru katlayın. Hamuru fazla yoğurmamaya dikkat edin. Birlikte kalması için yeterince katlayın.
e) Hamuru daire şeklinde açın ve 6 dilime kesin.
f) Parşömen kağıdıyla kaplı bir fırın tepsisine aktarın. Çörekleri krem şanti ile fırçalayın ve üzerine simit baharatını daha fazla serpin.
g) Altın kahverengi olana kadar 20-22 dakika pişirin. Fırından çıkarıp 5 dakika kadar soğuttuktan sonra servis yapın.

71. Küçük Hindistan Cevizi Kokulu Çörekler

8 Porsiyon yapar

İÇİNDEKİLER:
- 2 fincan çok amaçlı un
- ⅓ su bardağı esmer şeker
- 2 çay kaşığı kabartma tozu
- 1 ¼ çay kaşığı taze rendelenmiş bütün hindistan cevizi veya öğütülmüş hindistan cevizi
- ½ çay kaşığı karbonat
- ½ çay kaşığı tuz
- 6 yemek kaşığı (¾ çubuk) soğutulmuş tuzsuz tereyağı, küp şeklinde
- 1 su bardağı ekşi krema
- 1 yumurta akı, 2 çay kaşığı su ile karıştırılacak şekilde çırpılmış (sır için)
- 2 çay kaşığı şeker

TALİMATLAR:
a) Fırınınızı önceden 425°F'ye ısıtın.
b) Bir mutfak robotunda çok amaçlı un, esmer şeker, kabartma tozu, 1 çay kaşığı hindistan cevizi, kabartma tozu ve tuzu birleştirin. Yaklaşık 10 saniye boyunca nabız atın.
c) Soğutulmuş, küp şeklinde tuzsuz tereyağını robota ekleyin ve karışım iri bir öğüne benzeyene kadar çalıştırın.
ç) Şimdi ekşi kremayı karışıma ekleyin ve nemli topaklar oluşana kadar nabız atın.
d) Hamuru unlanmış bir çalışma yüzeyine çevirin. Bir top oluşturmak için dört kez yoğurun.
e) Hamuru 8 inçlik bir kareye, yaklaşık ¾ inç kalınlığa kadar açın.
f) Kareyi 8 parçaya bölün.
g) Dilimleri yumurta beyazı sırla fırçalayın, ardından üzerlerine 2 çay kaşığı şeker ve ¼ çay kaşığı hindistan cevizi serpin.
ğ) Çörekleri 2 inç aralıklarla bir fırın tepsisine aktarın.
h) Çörekleri önceden ısıtılmış fırında üstleri altın rengi kahverengi olana ve ortasına yerleştirilen bir test cihazı temiz çıkana kadar pişirin. Bu yaklaşık 20 dakika sürmelidir.
ı) Bittiğinde çörekleri bir rafa aktarın ve hafifçe soğumalarını bekleyin.

72.Matcha Yeşil Çay Çörekleri

Yapım: 8 çörek

İÇİNDEKİLER:
MATCHA ÇÖPLERİ İÇİN:
- 2 bardak glütensiz 1:1 un ve ksantan sakızı
- 2 çay kaşığı kabartma tozu
- 2 yemek kaşığı matcha tozu
- ½ çay kaşığı tuz
- 3 yemek kaşığı eritilmiş hindistancevizi yağı
- 5 yemek kaşığı şekersiz bitki sütü
- ⅓ bardak saf akçaağaç şurubu
- 1 çay kaşığı saf vanilya özü veya badem özü
- ⅓ fincan vegan beyaz çikolata parçacıkları (isteğe bağlı)

GLAZÜR İÇİN:
- ½ bardak vegan şekerleme şekeri
- 1-2 yemek kaşığı şekersiz bitkisel süt veya su

TALİMATLAR:
ÇÖPLERİN YAPILIŞI:

a) Fırını önceden 350 Fahrenheit dereceye ısıtın ve büyük bir fırın tepsisini parşömen kağıdıyla kaplayın. Bir kenara koyun.

b) Büyük bir karıştırma kabında glutensiz un, kabartma tozu, matcha tozu ve tuzu birleştirin. Eşit bir şekilde birleşene kadar karıştırın.

c) Eritilmiş hindistancevizi yağını, bitki sütünü, akçaağaç şurubunu ve vanilya özünü kaseye ekleyin. Kalın, ufalanan bir karışım oluşana kadar karıştırın. Islak, topaklı kum dokusuna sahip olmalıdır. İstenirse beyaz çikolata parçacıkları da katılabilir.

ç) Karışımı büyük bir top haline getirmek için temiz ellerinizi kullanın. Çok ufalanıyorsa, top oluşturacak kadar ıslanıncaya kadar 1-2 yemek kaşığı bitki sütü ekleyin. Hamuru fazla çalıştırmamaya çalışın.

d) Hamur topunu hazırlanan fırın tepsisine yerleştirin ve ellerinizi veya oklavayı kullanarak 8 inçlik bir daire şeklinde düzleştirin.

e) Hamur çemberini 8 eşit büyüklükte üçgene kesmek için bir bıçak kullanın (bunu pizza veya pasta kesmek gibi düşünün). Üçgenleri fırın tepsisine 1-2 inç aralıklarla yerleştirin.

f) Çörekleri 14-18 dakika veya hafifçe kabarıp kenarları sertleşinceye kadar pişirin. Bunları fırından çıkarın ve bir soğutma rafına aktarmadan önce fırın tepsisinde 5 dakika soğumalarını bekleyin.

SIRLAMANIN YAPILIŞI:

g) Küçük ve orta boy bir kapta vegan şekerlemenin şekerini 1 çorba kaşığı bitkisel sütle birleştirin. Kıvamını arttırmak için daha fazla şeker veya daha ince hale getirmek için daha fazla süt ekleyerek kıvamı gerektiği gibi ayarlayın. Sır kaşıktan akacak kadar ince olmalı ancak akıcı olmamalıdır.

ğ) Çörekler tamamen soğuduktan sonra bir kaşık yardımıyla kremayı çöreklerin üzerine gezdirin. Eğlence!

73.Earl Grey Çay Çörekleri

Yapım: 8

İÇİNDEKİLER:
KÖFTELER İÇİN:
- 2 fincan çok amaçlı un
- ¼ su bardağı toz şeker
- 1½ çay kaşığı karbonat
- ¼ çay kaşığı tuz
- 6 çay poşeti Earl Grey Çay (1 çay poşeti 1 çay kaşığına eşittir)
- ½ su bardağı süt (yarım buçuk, krema veya ayran kullanabilirsiniz)
- 6 yemek kaşığı tuzsuz tereyağı (çok soğuk)
- 1 büyük yumurta
- 1 çay kaşığı saf vanilya özü

SCONE SIRASI İÇİN:
- 1 su bardağı pudra şekeri
- 2 çay kaşığı süt (krema da kullanabilirsiniz)
- ½ çay kaşığı saf vanilya özü
- 1 yemek kaşığı kurutulmuş lavanta (isteğe bağlı)

TALİMATLAR:
Earl Grey Çörekler Nasıl Yapılır:
a) Fırını önceden 400°F'ye ısıtın.
b) Büyük bir karıştırma kabında un, şeker, kabartma tozu ve tuzu ölçün. Earl Grey Çay poşetlerini açın ve kuru çayı un karışımına ekleyin. Birleştirmek için iyice karıştırın.
c) Küçük bir kapta yumurtayı, sütü ve vanilyayı birlikte çırpın.
ç) Çok soğuk tereyağını un kasesine kesmek için peynir rendesi veya soyma bıçağı kullanın. Bezelye büyüklüğünde kırıntılar elde edene kadar tereyağını un karışımına dahil etmek için bir pasta kesici veya iki bıçak kullanın.
d) Islak malzemeleri kuru malzemelere ekleyin ve karışım nemlendirilip bir hamur topu oluşturana kadar karıştırın.
e) Hamuru unlanmış temiz bir yüzeye dökün ve elinizle top haline getirin. Hamuru bir oklava ile yaklaşık çeyrek inç kalınlığa kadar 8 inçlik bir daire şeklinde açın. Alternatif olarak, hamuru daire şeklinde şekillendirmek için ellerinizi kullanabilirsiniz.

f) Keskin bir bıçak veya kazıyıcı kullanarak hamuru 8 üçgen halinde kesin ve çörekleri, her parça arasında boşluk bırakarak parşömen kaplı bir fırın tepsisine aktarın.

g) Yaklaşık 15-20 dakika veya kenarları altın rengi kahverengi olana kadar pişirin.

ğ) Çöreklerin dinlenmesine izin verin ve ardından bunları bir soğutma rafına aktarın. Hala biraz sıcakken, isteğe bağlı olarak üzerlerine sır sürebilirsiniz.

SCONE SIRLAMA NASIL YAPILIR:

h) Küçük bir kapta, tüm sır malzemelerini ekleyin ve pürüzsüz hale gelinceye kadar karıştırın. Soğuyunca çöreklerin üzerine şerbeti gezdirin.

ı) Lavanta kullanıyorsanız sırın içine ekleyebilir veya sırın üzerine serpebilirsiniz.

74. Chai Baharatı Sırlı Akçaağaç Chai Çörekler

Yapım: 8 çörek

İÇİNDEKİLER:
CHAI ÇÖPLERİ İÇİN:
- 12 yemek kaşığı çok soğuk tuzsuz tereyağı, küp şeklinde doğranmış
- ½ fincan çok soğuk ağır krema
- 2 büyük yumurta, bölünmüş
- 2 su bardağı çok amaçlı un, ayrıca çörekler açmak için daha fazlası
- ¼ su bardağı toz şeker
- 1 yemek kaşığı kabartma tozu
- 1 yemek kaşığı chai baharat karışımı
- ½ çay kaşığı koşer tuzu

MAPLE CHAI GLAZE İÇİN:
- 1 tepeleme su bardağı pudra şekeri
- 2 çay kaşığı chai baharat karışımı
- 1 çay kaşığı vanilya özü
- 3 yemek kaşığı ağır krema
- 1 yemek kaşığı akçaağaç şurubu
- Bir tutam koşer tuzu

TALİMATLAR:
a) Tereyağını, kremayı ve yumurtaları buzdolabından çıkarın.
b) Soğuk tereyağını ¼ yemek kaşığı kare şeklinde doğrayın. Küp küp doğranmış tereyağını tabağa alıp dondurucuya koyun.
c) Ağır kremayı 2 bardaklık sıvı ölçüyle ölçün, ardından 1 büyük yumurta + 1 büyük yumurta sarısını çırpın.
ç) Kuru malzemeleri ölçerken ağır krema karışımını dondurucuya soğumaya bırakın.

CHAI ÇÖPLERİ İÇİN:
d) Bir mutfak robotunun kasesinde un, şeker, kabartma tozu, chai baharatları ve koşer tuzunu birleştirin. Karışımı hızlı bir şekilde birleştirmek için darbe uygulayın.
e) Dondurulmuş tereyağını mutfak robotundaki un karışımına ekleyin. Tereyağı unun içinde kesilip küçük, bezelye büyüklüğünde kırıntılar elde edilene kadar nabız atın. Bazı tereyağı parçaları çok küçük olacak ve unla kaplanacak, bazıları ise daha büyük kalacak, bu da yumuşak, pul pul bir çörek için idealdir.

f) Hamur bir top oluşturup mutfak robotunun yanlarından çekilmeye başlayana kadar soğutulmuş krema ve yumurta karışımını yavaş yavaş ekleyin. Hamur, görünür tereyağı parçalarıyla birlikte hafifçe ıslak olmalıdır. Krema karışımının tamamını kullanmanız gerekmeyebilir; sorun değil!
g) Çörek hamurunu unlanmış bir yüzeye aktarın. Bir top haline getirin ve bir diske bastırın. Hamuru plastiğe sarın ve 30 dakika dinlenmek üzere dondurucuya koyun.

ÇÖPLERİ AÇMAK İÇİN:
ğ) Çörek hamurunu dondurucudan çıkarın ve unlanmış bir yüzeye yerleştirin. Hamuru 1 inç kalınlığında bir daire şeklinde yuvarlayın ve 8 dilime kesin. Mini çörekler için hamuru yarım inç kalınlığında bir dikdörtgen şeklinde açın ve daha küçük üçgenler halinde kesin.
h) Fırını önceden 375°F'ye ısıtın ve büyük bir fırın tepsisini parşömen kağıdı veya Silpat pişirme matı ile kaplayın. Çörekleri hazırlanan fırın tepsisine aktarın ve yumurta yıkamasıyla cömertçe fırçalayın.
ı) Çörekler altın kahverengi olana kadar 20-22 dakika pişirin. Camlamadan önce soğumalarını bekleyin.

MAPLE CHAI GLAZE İÇİN:
i) Çörekler pişerken pudra şekeri, chai baharatı, vanilya özü, ağır krema, akçaağaç şurubu ve tuzu küçük bir kasede birleştirin.
j) Kalın bir sır oluşana kadar çırpın.

ÇÖPLERİ SIRLAMAK İÇİN:
k) Her bir çörekin üstünü sırın içine daldırın ve her birini cömertçe kaplayın. Kalın bir tabaka oluşturmak için sırın arada bir süre kalmasına izin vererek çörekleri iki kez sırlayabilirsiniz.
l) Çörekleri servis etmeden önce sırın yaklaşık 10 dakika soğumasını bekleyin. Kahve veya çayla harika bir şekilde eşleşiyorlar. Eğlence!

75.Pembe Limonata Çörekler

Yapar: 8-10

İÇİNDEKİLER:
- 1 bardak ağır krema
- 1 bardak limonata
- 6 damla pembe gıda boyası
- 3 su bardağı kendiliğinden kabaran un
- 1 tutam tuz
- reçel, servis etmek
- krema, servis etmek için

TALİMATLAR:
a) Fırını 450°F'ye önceden ısıtın
b) Tüm malzemeleri bir kaseye koyun. Birleştirilene kadar hafifçe karıştırın.
c) Unlu bir yüzeye kazıyın.
ç) Hafifçe yoğurun ve hamuru yaklaşık 1 inç kalınlığa kadar şekillendirin.
d) Daha sonra çörekleri kesmek için yuvarlak bir kesici kullanın.
e) Yağlı kağıt serilmiş tepsiye dizin ve üzerine biraz süt sürün.
f) 10-15 dakika veya üstü kızarıncaya kadar pişirin.
g) Reçel ve kremayla servis yapın.

76. Amaretto Vişneli Çörekler

İÇİNDEKİLER:

- 2 fincan çok amaçlı un
- ½ bardak) şeker
- 2 çay kaşığı kabartma tozu
- ½ çay kaşığı tuz
- ½ bardak tuzsuz tereyağı, soğutulmuş ve küp şeklinde
- ½ su bardağı kurutulmuş kiraz, doğranmış
- ¼ bardak dilimlenmiş badem
- ¼ fincan amaretto
- ½ bardak ağır krema
- 1 yumurta, dövülmüş

TALİMATLAR:

a) Fırını önceden 375°F'ye ısıtın.
b) Büyük bir kapta un, şeker, kabartma tozu ve tuzu birlikte çırpın.
c) Bir pasta kesici veya parmaklarınızı kullanarak, karışım iri kırıntılara benzeyene kadar tereyağını kuru malzemelere bölün.
ç) Kurutulmuş kirazları ve dilimlenmiş bademleri karıştırın.
d) Ayrı bir kapta amaretto, krema ve yumurtayı birlikte çırpın.
e) Islak malzemeleri kuru malzemelerin üzerine dökün ve karışım bir araya gelinceye kadar karıştırın.
f) Hamuru unlanmış bir yüzeye açın ve yapışkan bir top oluşana kadar yavaşça yoğurun.
g) Hamuru yaklaşık 1 inç kalınlığında bir daireye yerleştirin.
ğ) Daireyi 8 parçaya bölün.
h) Takozları parşömen kağıdıyla kaplı bir fırın tepsisine yerleştirin.
ı) Çöreklerin üst kısımlarını biraz ekstra kremayla fırçalayın.
i) Altın kahverengi olana ve tamamen pişene kadar 20-25 dakika pişirin.
j) Üzerine biraz amaretto sır (pudra şekeri ve amarettodan yapılmış) serperek sıcak olarak servis yapın.

77. Margarita Çörekler

İÇİNDEKİLER:

- 2 bardak un
- ½ bardak) şeker
- 3 çay kaşığı kabartma tozu
- 1 çay kaşığı iri Tuz
- ½ bardak buz gibi soğuk tereyağı, küçük parçalar halinde kesilmiş
- 4 damla limon yağı
- 2 damla limon yağı
- ¼ bardak margarita karışımı
- ¼ bardak ağır krema
- 2 yumurta

TALİMATLAR:

a) Orta boy bir kapta un, şeker, kabartma tozu ve tuzu karıştırın.
b) Soğuk tereyağını pasta kesiciyle iri kırıntı görünümüne gelinceye kadar kesin.
c) Margarita karışımını ve ağır kremayı limon ve portakal yağıyla birlikte yumurtalarla karıştırın.
ç) Islak malzemeleri kuru malzemelerle birleşene kadar karıştırın.
d) Hamuru hafifçe unlanmış bir yüzeyde açın.
e) Hamuru istenilen şekilde kesin
f) Çörekleri parşömen kaplı bir fırın tepsisine yerleştirin
h) 400 derecede 10 dakika pişirin.

78.Biberli Pizza Çörekler

Yapım: 8 çörek

İÇİNDEKİLER:
- 2 fincan çok amaçlı un
- ½ çay kaşığı tuz
- 1 yemek kaşığı kabartma tozu
- ¼ çay kaşığı karbonat
- 2 yemek kaşığı şeker
- ⅓ su bardağı soğuk tereyağı
- ½ çay kaşığı toz sarımsak
- 1 ¼ su bardağı rendelenmiş mozzarella peyniri
- ¼ su bardağı rendelenmiş kaşar peyniri
- 3½ ons paketlenmiş biberli
- 1 bardak süt

TALİMATLAR:
a) Fırını önceden 400 dereceye ısıtın. Bir sayfa tepsisini parşömen kağıdıyla hizalayın ve bir kenara koyun.
b) Büyük bir kapta tüm kuru malzemeleri birleştirin. Soğuk tereyağını karıştırın ve bir pasta kesici kullanarak küçük parçalara bölün. Biberleri daha küçük parçalar halinde kesin ve mozzarella ve çedar peynirleriyle birlikte kuru malzemelerle karıştırın. Sütü ekleyin ve tüm malzemeler iyice nemlenene kadar karıştırın.
c) Bir parça yağlı kağıdı bol miktarda unla serpin. Hamuru yağlı kağıdın üzerine kazıyın ve üzerine bir miktar daha un ekleyin.
ç) Hamurun üzerine başka bir yağlı kağıt parçası yerleştirin ve 1 ½-2 inç kalınlığa kadar bastırın.
d) Üstteki yağlı kağıdı dikkatlice çıkarın. Hamuru pasta gibi 8 parçaya bölüp yağlı kağıt üzerine dizin. Yapışmayı önlemek için tabanına un serptiğinizden emin olun.
e) 15-20 dakika veya çörekler altın rengi kahverengi olana kadar pişirin. Marinara sosuyla sıcak olarak servis yapın.
f) Pepperoni Pizza Tuzlu Çöreklerinizin tadını çıkarın!

79.Limoncello Çörekler

İÇİNDEKİLER:

- 2 fincan çok amaçlı un
- ¼ bardak şeker
- 2 çay kaşığı kabartma tozu
- ½ çay kaşığı tuz
- ½ bardak soğuk tuzsuz tereyağı, küçük küpler halinde kesilmiş
- ½ bardak ağır krema
- ¼ bardak Limoncello likörü
- 1 limon kabuğu rendesi ve
- ½ su bardağı pudra şekeri (glazür için)
- 1 yemek kaşığı Limoncello (sır için)

TALİMATLAR:

a) Fırınınızı önceden 200°C'ye (400°F) ısıtın ve fırın tepsisini parşömen kağıdıyla kaplayın.
b) Büyük bir kapta un, şeker, kabartma tozu ve tuzu birlikte çırpın.
c) Soğuk tereyağı küplerini un karışımına ekleyin ve hamur kesici veya parmaklarınızla, karışım iri kırıntı görünümüne gelinceye kadar kesin.
ç) Ayrı bir kapta kremayı, Limoncello'yu ve limon kabuğu rendesini birleştirin.
d) Krema karışımını un karışımına dökün ve hamur bir araya gelinceye kadar karıştırın.
e) Hamuru hafifçe unlanmış bir yüzeye aktarın ve birkaç kez hafifçe yoğurun.
f) Hamuru yaklaşık 1 inç kalınlığında bir daireye yerleştirin, ardından 8 dilime kesin.
g) Çörekleri hazırlanan fırın tepsisine yerleştirin ve 15-18 dakika veya altın rengi kahverengi olana kadar pişirin.
ğ) Sır yapmak için küçük bir kapta pudra şekeri ve Limoncello'yu birlikte çırpın.
h) Sırları sıcak çöreklerin üzerine gezdirin ve servis yapmadan önce hafifçe soğumasını bekleyin.

80.Mimoza Çörekleri

İÇİNDEKİLER:

- 2 fincan çok amaçlı un
- ¼ su bardağı toz şeker
- 1 yemek kaşığı kabartma tozu
- ½ çay kaşığı tuz
- ½ bardak soğuk tuzsuz tereyağı, küçük küpler halinde kesilmiş
- ¼ bardak ağır krema
- ¼ bardak portakal suyu
- ¼ fincan şampanya veya köpüklü şarap
- 1 çay kaşığı portakal kabuğu rendesi
- ½ su bardağı kurutulmuş kızılcık veya altın kuru üzüm (isteğe bağlı)
- 1 büyük yumurta, dövülmüş (yumurta yıkamak için)
- Üzerine serpmek için kaba şeker

TALİMATLAR:

a) Fırınınızı 200°C'ye (400°F) önceden ısıtın. Bir fırın tepsisini parşömen kağıdıyla hizalayın.
b) Büyük bir kapta un, şeker, kabartma tozu ve tuzu birlikte çırpın.
c) Soğuk tereyağı küplerini kuru malzemelere ekleyin ve bir pasta kesici veya iki bıçak kullanarak, karışım iri kırıntılara benzeyene kadar kesin.
ç) Ayrı bir kapta kremayı, portakal suyunu, şampanyayı ve portakal kabuğu rendesini karıştırın.
d) Islak malzemeleri kuru karışıma dökün ve birleşene kadar karıştırın. Kullanıyorsanız kurutulmuş kızılcıkları veya altın kuru üzümleri ekleyin.
e) Hamuru unlu bir yüzeye aktarın ve yaklaşık 1 inç kalınlığında bir daireye hafifçe vurun. Daireyi 8 parçaya bölün.
f) Çörekleri hazırlanan fırın tepsisine yerleştirin, üstlerine çırpılmış yumurta sürün ve üzerine kaba şeker serpin.
g) Önceden ısıtılmış fırında 15-18 dakika veya çörekler altın rengi kahverengi olana kadar pişirin.
ğ) Servis yapmadan önce çöreklerin hafifçe soğumasını bekleyin.

81.Pastırma, Kaşar ve Frenk Soğanı Çörekleri

Yapım: 8 büyük çörek

İÇİNDEKİLER:
- 2 su bardağı Ağartılmamış Çok Amaçlı Un
- ½ çay kaşığı tuz
- 1 yemek kaşığı kabartma tozu
- 2 çay kaşığı toz şeker
- 4 yemek kaşığı soğuk tereyağı
- 1 su bardağı kaşar peyniri, çok iri rendelenmiş veya doğranmış
- ⅓ bardak doğranmış taze frenk soğanı
- Yarım kilo pastırma, pişirilmiş, soğutulmuş ve ufalanmış (yaklaşık 1 bardak)
- ¾ bardak + 2 yemek kaşığı krema veya krem şanti

TALİMATLAR:
a) Fırınınızı ortada bir raf olacak şekilde 400°F'ye önceden ısıtın. Bir fırın tepsisini hafifçe yağlayın veya parşömen kağıdıyla hizalayın.
b) Büyük bir karıştırma kabında un, tuz, kabartma tozu ve toz şekeri birlikte çırpın.
c) Soğuk tereyağını küçük parçalar halinde kesin ve kuru malzemelere ekleyin. Tereyağını un karışımına kaba kırıntılara benzeyene kadar işlemek için bir pasta kesici, çatal veya parmak uçlarınızı kullanın.
ç) Çedar peynirini, doğranmış frenk soğanı veya doğranmış yeşil soğan üstlerini ve ufalanmış pastırmayı karıştırın. Bu malzemeler eşit şekilde dağılıncaya kadar karıştırın.
d) Ağır kremayı dökün ve hamur bir araya gelinceye kadar her şeyi birlikte karıştırın. Fazla karıştırmamaya dikkat edin; Malzemeler birleştirilene ve hamur bir arada tutulana kadar karıştırın.
e) Hamuru hafifçe unlanmış bir yüzeye alın ve yapışkan hale gelinceye kadar birkaç kez yoğurun. Hamuru yaklaşık 1 inç kalınlığında bir daireye hafifçe vurun.
f) Hamuru 8 eşit parçaya kesmek için keskin bir bıçak kullanın.
g) Çörekleri hazırlanan fırın tepsisine aralarında biraz boşluk kalacak şekilde yerleştirin.
ğ) Önceden ısıtılmış fırında yaklaşık 20-25 dakika veya çörekler altın rengi kahverengi olana ve tamamen pişene kadar pişirin.
h) Çörekleri fırından çıkarın ve tel ızgara üzerinde soğumaya bırakın.

82.Yuzu Çörekler

İÇİNDEKİLER:
ÇÖREKLER
- 1⅓ su bardağı çok amaçlı un
- ¼ bardak organik şeker kamışı
- ¼ çay kaşığı tuz
- ½ yemek kaşığı kabartma tozu
- ¼ bardak soğuk tereyağı
- 1 büyük yumurta
- 1 çay kaşığı yuzu suyu
- ¼ ila ½ fincan Fransız vanilyası yarım buçuk

SIR
- ½ su bardağı pudra şekeri
- 2½ yemek kaşığı yuzu suyu
- ½ yemek kaşığı Fransız vanilyası yarım buçuk

TALİMATLAR:
a) Unu, şekeri, tuzu ve kabartma tozunu birlikte çırpın.
b) Soğuk tereyağını çırpma teli ile çırpılmış malzemelere ekleyin.
c) Başka bir kapta yumurtayı hafifçe çırpın. Yuzu suyunu ve yarısını çırpın.
ç) Sıvıyı yavaş yavaş kuru malzemelere ekleyin. Tüm ufalanan parçalar nemlendirilinceye kadar sıvıyı dökün ve karıştırın. Amaç, yapışkan bir hamur topuna sahip olmaktır.
d) Parşömen kağıdını bir çerez kağıdının üzerine yerleştirin. Hamuru ve kağıdı unla tozlayın. Hazırlanan kurabiye kağıdına hamuru kaydırın. Hamuru altı parçaya bölün.
e) Her tümseği biraz yarım buçuk ve/veya yuzu ile boyayın. Şeker kamışı serpin.
f) Tavayı 30 dakika dondurucuya koyun. Çörekleri 425 derecede 22 ila 23 dakika pişirin. Yuzu sırını serpmeden önce 5 ila 10 dakika soğutun.
g) Sır yapmak için: Yuzu ve yarısını pudra şekeriyle birlikte çırpın.

83.Hindistan cevizi unu Yaban mersinli çörekler

Yapım: 8 çörek

İÇİNDEKİLER:
VURUCU:
- ¾ su bardağı hindistan cevizi unu
- 6 yemek kaşığı tapyoka nişastası
- ½ bardak tatlandırıcı
- 4 çay kaşığı kabartma tozu
- ½ çay kaşığı deniz tuzu
- ½ bardak tereyağı, soğuk
- 3 büyük yumurta
- ½ bardak hindistan cevizi sütü veya krema
- 1 çay kaşığı vanilya özü
- 1 su bardağı taze yaban mersini
- Sırlama hamuru için 1 yemek kaşığı tereyağı veya hindistancevizi yağı
- Üstüne serpmek için 2 yemek kaşığı şeker veya eritritol

BUZ ÖRTÜSÜ:
- ½ su bardağı pudra şekeri
- 1 yemek kaşığı taze limon suyu veya mağazadan satın alınan

TALİMATLAR:
a) Büyük bir kapta kuru malzemeleri, hindistancevizi unu, tapyoka nişastasını, şekeri, kabartma tozunu ve tuzu karıştırın.
b) Soğuk tereyağını alıp küçük küpler halinde kesin. Tereyağını kuru malzemelere ekleyin ve bir çatal veya hamur karıştırıcısı kullanarak tereyağını kuru malzemelerle birlikte ufalayın. Un ve tereyağı küçük kırıntılar gibi görünene kadar bunu yapın. En az 5 dakika sürecektir.
c) Daha sonra, sonraki adımlarda çalışırken erimemesi için ufalanmış tereyağı ve unu içeren bu kaseyi dondurucuya yerleştirin.
ç) Orta boy bir kaseye yumurtaları ekleyin ve karıştırarak karıştırın.
d) Yumurtalara hindistan cevizi sütü ve vanilyayı ekleyip karıştırın.
e) Islak malzemeleri ufalanmış tereyağının üzerine dökün ve bir spatula kullanarak birleşene kadar karıştırın. Hamur şeklini koruyacak kadar kalın olmalıdır. Hindistan cevizi ununun tüm sıvıyı emmesi için en az bir dakika bekleyin. Hamur yeterince kalın değilse, istenilen kalınlığa gelinceye kadar hamura bir seferde 1 yemek kaşığı hindistan cevizi unu ekleyin.
f) Yaban mersinlerini hamura ekleyin ve birleştirmek için karıştırın.
g) Büyük bir fırın tepsisine parşömen kağıdı serin ve hamuru parşömen kağıdının üzerine yerleştirin.
ğ) Ellerinizi veya bir spatula kullanarak hamuru 8 inç genişliğinde ve yaklaşık 1 inç kalınlığında bir daire şeklinde şekillendirin.
h) Hamurun sertleşmesi için tepsiyi dondurucuya yerleştirin. 30 dakika dondurun.
ı) Fırını 400° F'ye önceden ısıtın.
i) Dondurucudan çıkarıp 8 dilime kesin.
j) Dilimleri ayrı dilimler halinde pişecek şekilde ayırın.
k) Mikrodalgaya dayanıklı bir kapta, 1 yemek kaşığı tereyağını mikrodalgada eritin.
l) Her kamanın üzerine tereyağını fırçalayın veya kaşıklayın. Şeker serpin.
m) 25 dakika veya kenarları altın rengine ve üst kısımları sertleşinceye kadar pişirin.
n) Çörekleri bir soğutma rafında soğutun.
o) Kremayı hazırlamak için pudra şekerini küçük bir kaseye koyun. Limon suyunu ekleyin ve kremanın tamamı birleşene kadar karıştırın. Kremanın daha ince olmasını istiyorsanız daha fazla limon suyu ekleyin.
ö) Soğuyan muhallebilerin üzerine limon suyunu gezdirip servis yapın.

84. Tutku Meyveli Çörekler

İÇİNDEKİLER:
- 2 fincan çok amaçlı un
- ⅓ su bardağı şeker
- 1 yemek kaşığı kabartma tozu
- ½ çay kaşığı tuz
- ½ bardak tuzsuz tereyağı, soğutulmuş ve küp şeklinde
- ⅔ bardak çarkıfelek meyvesi posası
- ½ bardak ağır krema

TALİMATLAR:
a) Fırını önceden 400°F'ye ısıtın.
b) Bir karıştırma kabında un, şeker, kabartma tozu ve tuzu birleştirin.
c) Soğutulmuş tereyağını ekleyin ve karışım ufalanana kadar tereyağını kuru malzemelere ayırmak için bir hamur karıştırıcısı veya ellerinizi kullanın.
ç) Hamur bir araya gelinceye kadar karıştırarak çarkıfelek meyvesi posasını ve ağır kremayı ekleyin.
d) Hamuru unlu bir yüzeye alıp daire şeklinde açın.
e) Hamuru 8 dilime kesin
f) Çörekleri parşömen kağıdıyla kaplı bir fırın tepsisine yerleştirin.
g) 18-20 dakika veya altın rengi kahverengi olana kadar pişirin.
ğ) Tereyağı ve ek çarkıfelek meyvesi posası ile sıcak olarak servis yapın.

85. Hindistan Cevizli ve Ananaslı Çörekler

Yapım: 8

İÇİNDEKİLER:
ÇÖREKLER:
- 2 su bardağı Pişirme Karışımı
- 1 çay kaşığı kabartma tozu
- ¼ bardak tuzsuz tereyağı, sert, küçük parçalar halinde kesilmiş
- 2 ons krem peynir
- ½ bardak melek tipi hindistan cevizi
- ½ bardak kıyılmış macadamia fıstığı
- ⅓ bardak şekere eşit şeker ikamesi
- ⅓ fincan Karbonhidrat Geri Sayımı Süt İçeceği
- 1 büyük yumurta, dövülmüş
- 1 çay kaşığı ananas özü
- Üzeri için 1 yemek kaşığı ağır krema

MELEK TİPİ HİNDİSTAN CEVİZİ:
- ½ bardak şekersiz kıyılmış hindistan cevizi
- 1 ½ yemek kaşığı. kaynayan su
- 2 çay kaşığına eşit şeker ikamesi. şekerin

TALİMATLAR:
MELEK TİPİ HİNDİSTAN CEVİZİ:
a) Hindistan cevizini küçük bir kaseye koyun. Üzerine kaynar su ve tatlandırıcıyı dökün ve hindistan cevizi iyice nemlenene kadar karıştırın.
b) Kasenin üzerine bir parça plastik örtü koyun ve 15 dakika bekletin.
ÇÖREKLER:
c) Fırını önceden 400 dereceye ısıtın. Bir fırın tepsisini parşömen kağıdıyla hizalayın.
ç) Orta boy bir kapta, bir çay kaşığı kabartma tozunu Pişirme Karışımına çırpın.
d) Karışım iri kırıntılara benzeyene kadar tereyağını ve krem peynirini Pişirme Karışımına kesin. Hindistan cevizi ve macadamia fıstıklarını karıştırın.
e) Ayrı bir kapta süt, yumurta, şeker ikamesi ve ananas ekstraktını karıştırın.
f) Islak karışımı kuruya ekleyin ve yumuşak bir hamur oluşuncaya kadar karıştırın (yapışkan olacaktır).
g) Hamuru hafifçe Pişirme Karışımı serpilmiş bir yüzeye çevirin.

ğ) Hamuru kaplamak için yavaşça yuvarlayın. 10 kez hafifçe yoğurun.

h) Hamuru parşömen kaplı fırın tepsisine 7 inçlik bir daire şeklinde yerleştirin. Hamur çok yapışkansa, üzerini bir parça plastik ambalajla örtün ve ardından bir daire oluşturun. Üst kısmını kremayla fırçalayın. 8 parçaya bölün, ancak dilimler halinde kesin. ayırmak.

ı) 15 ila 20 dakika veya altın kahverengi olana kadar pişirin. Fırından çıkarın. 5 dakika bekleyin, ardından takozları çentik çizgileri boyunca dikkatlice kesin ve ayırın. Sıcak servis yapın.

86.Tarçınlı Cevizli Çörekler

Yapım: 8

İÇİNDEKİLER:
SÜSLEME:
- 2 yemek kaşığı granüler Splenda
- ½ çay kaşığı tarçın

ÇÖREKLER:
- 2 su bardağı Pişirme Karışımı
- 1 çay kaşığı kabartma tozu
- 1 çay kaşığı tarçın
- ¼ bardak soğuk tuzsuz tereyağı, küçük parçalar halinde kesilmiş
- 2 ons soğuk krem peynir, küçük parçalar halinde kesilmiş
- ½ bardak ceviz, doğranmış (yaklaşık 2 ons)
- ⅓ bardak Karbonhidrat Geri Sayım sütü veya ağır krema
- 1 yumurta, dövülmüş
- ¾ bardak granüler Splenda
- 1 çay kaşığı vanilya özü
- 1 yemek kaşığı ağır krema

TALİMATLAR:
a) Bir fırın tepsisini parşömen kağıdı veya yapışmaz bir fırın astarı ile hizalayın. Küçük bir kapta tepesini karıştırın
b) Malzemeler: granüler Splenda ve tarçın. Bu karışımı bir kenara koyun.
c) Orta boy bir kapta, kabartma tozunu ve tarçını Pişirme Karışımına çırpın.
ç) Karışım küçük bezelyeye benzeyene kadar soğuk tereyağını ve krem peyniri kesin.
d) Kıyılmış cevizleri karışıma ekleyin.
e) Ayrı bir kapta sütü (veya kremayı), çırpılmış yumurtayı, tatlandırıcıyı (granül Splenda veya tercihinize bağlı olarak sıvı Splenda) ve vanilya özünü karıştırın.
f) Islak karışımı kuru karışıma ekleyin ve hamur bir araya gelinceye kadar karıştırın. Hamur yapışkan bir kıvamda olacak.
g) Hamuru hafifçe Pişirme Karışımı serpilmiş bir yüzeye çevirin. Hamurun üstünü Pişirme Karışımı ile tozlayın ve 1 inç kalınlığa kadar hafifçe vurun.
ğ) Hamuru 2 inçlik bisküvi kesiciyle kesin ve çörekleri dikkatlice fırın tepsisine yerleştirin. Hamur parçalarını yavaşça açın ve kalan çörekleri yapmak için bunları kesin.

h) Çöreklerin üst kısımlarını 1 çorba kaşığı ağır kremayla fırçalayın.
ı) Hazırladığınız karışımı tüm çöreklerin üzerine eşit şekilde serpin.
i) Önceden ısıtılmış fırında 400°F'de 12-15 dakika veya çörekler altın rengi kahverengi olana kadar pişirin.
j) Çörekleri sıcak olarak servis edin ve bunları tereyağı, kaymak veya mascarpone peyniri ile eşleştirmeyi düşünün. Mock Clotted Cream de bu çörekler için harika bir malzemedir. Eğlence!

87.Balkabağı Kızılcık Çörekleri

10 çörek

İÇİNDEKİLER:
- 2 su bardağı Pişirme Karışımı
- 1 yemek kaşığı tereyağı
- 2 paket Splenda
- ¾ bardak konserve balkabağı, soğuk
- 1 yumurta, dövülmüş
- 1 yemek kaşığı ağır krema
- ½ bardak taze kızılcık, yarıya bölünmüş

TALİMATLAR:
a) Fırınınızı 220°C'ye (425°F) önceden ısıtın.
b) Tereyağını Pişirme Karışımına kesin.
c) Pişirme Karışımı karışımına Splenda'yı (tadına göre ayarlayın), konserve balkabağını, çırpılmış yumurtayı ve ağır kremayı ekleyin. Malzemeleri iyice birleştirin ancak fazla karıştırmayın.
ç) Yarıya bölünmüş kızılcıkları yavaşça katlayın.
d) Hamurdan 10 adet top yapın ve yağlı kağıt serili fırın tepsisine dizin. Dış kenarları yumuşatarak her bir topa hafifçe bastırın.
e) İstenirse çöreklerin üst kısımlarını ilave yoğun kremayla fırçalayın.
f) Önceden ısıtılmış fırının orta rafında 10-15 dakika veya çörekler altın rengi kahverengi olana kadar pişirin.
g) Sıcak çörekleri tereyağı ve/veya çırpılmış kremayla servis edin.

88.Çilekli akçaağaç çörekler

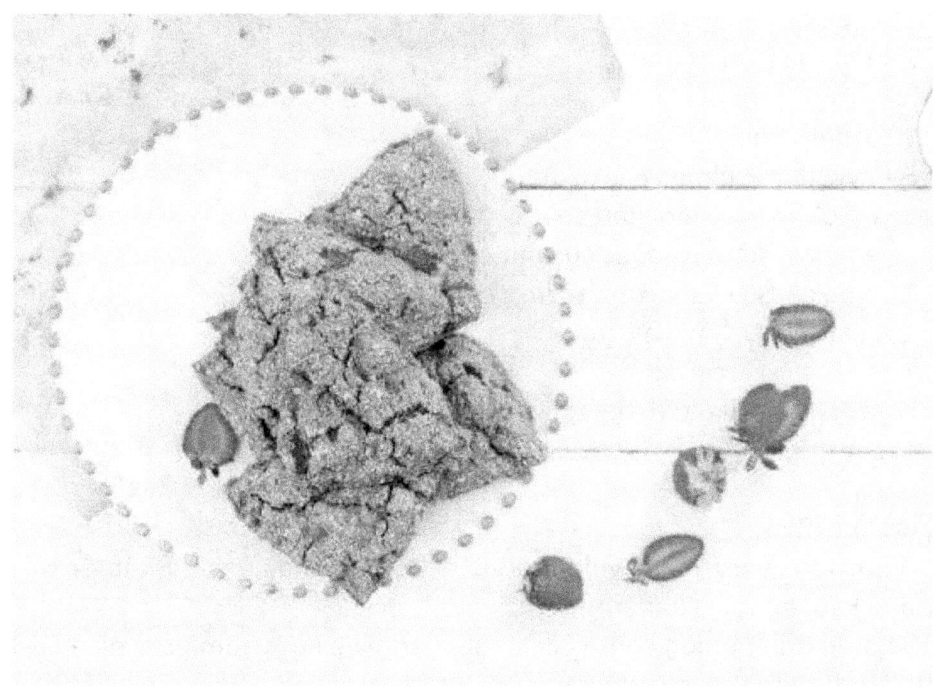

2 yapar

İÇİNDEKİLER :
- 2 su bardağı yulaf unu.
- ⅓ bardak badem sütü.
- 1 bardak çilek.
- Bir avuç kurutulmuş kuş üzümü.
- 5 Yemek kaşığı Hindistan cevizi yağı.
- 5 yemek kaşığı akçaağaç şurubu.
- 1 yemek kaşığı kabartma tozu.
- 1 ½ çay kaşığı vanilya özü.
- 1 çay kaşığı tarçın.
- ½ çay kaşığı kakule (isteğe bağlı).
- Tuz serpin.

TALİMATLAR:
a) Hindistan cevizi yağını yulaf ununa ekleyin ve ufalanan bir hamur oluşana kadar çatalla karıştırın.
b) Soğuduktan hemen sonra çilek parçalarını ve kuş üzümlerini ekleyin, ardından tüm ıslak Malzemeleri yavaş yavaş ekleyin .
c) Parşömen kağıdıyla kaplı bir fırın tepsisine hamurdan bir daire oluşturun - yaklaşık 1 inç kalınlığında olmalıdır.
ç) Sekiz üçgen parçaya böldükten sonra 15-17 dakika pişirin.
d) Özel bir ikram için reçel, bal veya fındık ezmesi ile servis yapın!

89. Vişneli Çörekler

Üretilen: 1 düzine

İÇİNDEKİLER:
- 2 fincan çok amaçlı un
- 3 çay kaşığı kabartma tozu
- ½ çay kaşığı tuz
- 2 yemek kaşığı soğuk tereyağı
- 1 bardak yumurta likörü
- 1 su bardağı kıyılmış ceviz
- ½ fincan kırmızı şekerlenmiş kiraz, dörde bölünmüş
- ½ fincan yeşil şekerlenmiş kiraz, dörde bölünmüş

SIR:
- ½ su bardağı şekerleme şekeri
- 1 çay kaşığı rom özü
- 4 ila 5 çay kaşığı ağır krem şanti

TALİMATLAR:

a) Tuzu, kabartma tozunu ve unu büyük bir kapta karıştırın; Karışım iri kırıntılar haline gelinceye kadar tereyağını karıştırın.

b) Karışım nemli olana kadar yumurta likörünü karıştırın; şekerlenmiş kiraz ve cevizleri katlayın. Hamuru unlu bir yüzeyde on kez yoğurun.

c) Yağlanmış bir fırın tepsisine geçin ve hamuru dokuz inçlik bir turda bastırın. Birbirinden ayırmadan on iki parçaya bölün. Altın rengi olana kadar 425 derece F fırında 12-14 dakika pişirin.

ç) Glazür malzemelerini karıştırıp çöreklerin üzerine yayın.

d) Sıcak servis yapın.

90.Yaban mersinli-limonlu çörekler

Yapım: 6

İÇİNDEKİLER:
- 2 fincan çok amaçlı un
- 1 yemek kaşığı kabartma tozu
- 2 çay kaşığı şeker
- 1 çay kaşığı koşer tuzu
- 2 ons rafine hindistan cevizi yağı
- 1 su bardağı taze yaban mersini
- ¼ ons limon kabuğu rendesi
- 8 ons hindistan cevizi sütü

TALİMATLAR:
a) Hindistan cevizi yağını bir mutfak robotunda tuz, şeker, kabartma tozu ve unla karıştırın.
b) Bu un karışımını bir karıştırma kabına aktarın.
c) Şimdi un karışımına hindistan cevizi sütü ve limon kabuğu rendesini ekleyin ve iyice karıştırın.
ç) Yaban mersinlerini katlayın ve hazırlanan hamuru pürüzsüz hale gelinceye kadar iyice karıştırın.
d) Bu yaban mersinli hamurunu 7 inçlik bir yuvarlak halinde yayın ve bir tavaya yerleştirin.
e) Yaban mersinli hamurunu 15 dakika buzdolabında bekletin, ardından 6 parçaya bölün.
f) Sear Plate'i bir parşömen kağıdıyla katmanlayın.
g) Yaban mersini dilimlerini astarlı Kızartma Plakasına yerleştirin.
ğ) Çörekleri Hava Fritöz Fırınına aktarın ve kapıyı kapatın.
h) Kadranı çevirerek "Pişirme" modunu seçin.
ı) TIME/SLICES düğmesine basın ve değeri 25 dakika olarak değiştirin.
i) TEMP/SHADE düğmesine basın ve değeri 400 °F olarak değiştirin.
j) Pişirmeye başlamak için Başlat/Durdur'a basın.
k) Taze servis yapın.

91.Toblerone Çörekler

12 çörek yapar

İÇİNDEKİLER:
- 3 su bardağı + 2 yemek kaşığı un
- ⅓ bardak şeker + serpmek için daha fazlası
- 1 yemek kaşığı kabartma tozu
- ½ tepeleme çay kaşığı karbonat
- ½ çay kaşığı tuz
- 13 yemek kaşığı tereyağı, soğuk
- 1 bardak ayran
- 3½ ons Toblerone şeker çubuğu, doğranmış
- ½ su bardağı dilimlenmiş badem
- 2 yemek kaşığı tereyağı, eritilmiş

TALİMATLAR:
a) Un, şeker, kabartma tozu, kabartma tozu ve tuzu geniş bir kapta karıştırın.
b) Ayrı bir kapta peynir rendesinin geniş deliklerini kullanarak tereyağını rendeleyin.
c) Rendelenmiş tereyağınızı kuru malzemelerin içine dökün ve karışım iri kırıntı görünümü alana kadar karıştırın.
ç) Ayranı ekleyin ve SADECE birleşene kadar karıştırın.
d) Kıyılmış Toblerone ve bademleri dikkatlice katlayın.
e) Hamuru ikiye bölün. Her bir yarımı alın ve yaklaşık 7 inçlik küçük bir daireye şekillendirin.
f) Bir pizza kesici veya keskin bir bıçak kullanarak her daireyi 6 dilime kesin.
g) Her dilimi biraz eritilmiş tereyağıyla fırçalayın ve üzerine şeker serpin.
ğ) Yaklaşık 13 dakika boyunca 425'e ısıtılmış fırına koyun.

92.Hershey Çörekleri

12 çörek yapar

İÇİNDEKİLER
- 3 su bardağı + 2 yemek kaşığı un
- ⅓ bardak şeker + serpmek için daha fazlası
- 1 yemek kaşığı kabartma tozu
- ½ tepeleme çay kaşığı karbonat
- ½ çay kaşığı tuz
- 13 yemek kaşığı tereyağı, soğuk
- 1 bardak ayran
- 3½ ons Hershey's şeker çubuğu, doğranmış
- ½ su bardağı dilimlenmiş badem
- 2 yemek kaşığı tereyağı, eritilmiş

TALİMATLAR
a) Un, şeker, kabartma tozu, kabartma tozu ve tuzu geniş bir kapta karıştırın.
b) Ayrı bir kapta peynir rendesinin geniş deliklerini kullanarak tereyağını rendeleyin.
c) Rendelenmiş tereyağınızı kuru malzemelerin içine dökün ve karışım iri kırıntı görünümü alana kadar karıştırın.
ç) Ayranı ekleyin ve SADECE birleşene kadar karıştırın.
d) Doğranmış Hershey'leri ve bademleri dikkatlice katlayın.
e) Hamuru ikiye bölün. Her bir yarımı alın ve yaklaşık 7 inçlik küçük bir daireye şekillendirin.
f) Bir pizza kesici veya keskin bir bıçak kullanarak her daireyi 6 dilime kesin.
g) Her dilimi biraz eritilmiş tereyağıyla fırçalayın ve üzerine şeker serpin.
ğ) Yaklaşık 13 dakika boyunca 425'e ısıtılmış fırına koyun.

93.Godiva Bitter Çikolatalı Çörekler

Yapım: 8 Çörek

İÇİNDEKİLER:
- 2 bar (her biri 1½ ons) Godiva Bitter Çikolata Bar, doğranmış
- 2 fincan çok amaçlı un
- ¼ bardak paketlenmiş esmer şeker
- 1 yemek kaşığı kabartma tozu
- ½ çay kaşığı karbonat
- ½ çay kaşığı tuz
- ½ bardak soğuk tuzsuz tereyağı, küp şeklinde
- ¾ su bardağı soğuk ayran (yaklaşık)
- 1 yumurta
- 1 çay kaşığı vanilya özü
- 1 yemek kaşığı pudra şekeri

TALİMATLAR:
a) Fırınınızı 200°C'ye (400°F) önceden ısıtın. Bir fırın tepsisini parşömen kağıdıyla hizalayın.
b) Büyük bir kapta un, esmer şeker, kabartma tozu, kabartma tozu ve tuzu birlikte çırpın.
c) Karışım iri kırıntılara benzeyene kadar parmak uçlarınızı kullanarak soğuk küp küp tereyağında çalışın. Kıyılmış Godiva Bitter Çikolatayı ilave edin.
ç) Ayrı bir kapta soğuk ayran, yumurta ve vanilya özünü birlikte çırpın. Bir çatal kullanarak bu karışımı un karışımına ekleyerek hamur bir araya gelinceye kadar karıştırın.
d) Hamuru hafifçe unlanmış bir yüzeye aktarın ve 1 inç kalınlığında bir yuvarlak haline getirin. 8 dilime kesin ve hazırlanan fırın tepsisine yaklaşık 2 inç aralıklarla yerleştirin.
e) Çöreklerin üst kısımlarını ayranla fırçalayın.
f) 15 ila 20 dakika veya altları altın rengi kahverengi olana kadar pişirin.
g) Piştikten sonra çöreklerin üzerine pudra şekeri serpin.

94. Fıstıklı Çörekler

Yapım: 8 çörek

İÇİNDEKİLER:
- 1 ½ su bardağı un
- ¼ su bardağı şeker
- ¼ çay kaşığı tuz
- 1 ½ çay kaşığı kabartma tozu
- 1 çay kaşığı limon kabuğu rendesi
- 4 yemek kaşığı tereyağı
- ⅓ su bardağı kıyılmış, kabukları soyulmuş antep fıstığı
- 1 yumurta, hafifçe çırpılmış
- 2 yemek kaşığı süt

TALİMATLAR :
a) Fırını 425F'ye önceden ısıtın.
b) Büyük bir kapta un, şeker, tuz, kabartma tozu ve limon kabuğu rendesini karıştırın. Karışım iri kırıntılara benzeyene kadar tereyağını kesin. Antep fıstığını karıştırın.
c) Yumurta ve sütü ekleyin, nemlendirilinceye kadar karıştırın.
ç) Yaklaşık yarım santim kalınlığında bir dikdörtgen şeklinde açın. Üçgenler halinde kesin.
d) Yağlanmamış bir kurabiye kağıdına yerleştirin. Altın rengi olana kadar 12-15 dakika pişirin.
e) Çörekleri fırından çıkarın ve yemeden önce 1-2 dakika tel ızgara üzerinde soğumasını bekleyin.

95. Çikolatalı Cevizli Çörekler

Yapım: 8

İÇİNDEKİLER:
- 2 bardak Pişirme karışımı
- 1 çay kaşığı kabartma tozu
- ½ bardak soğuk tuzsuz tereyağı, küçük parçalar halinde kesilmiş
- ½ bardak ceviz, doğranmış
- ⅓ bardak Karbonhidrat Geri Sayımı %2 süt
- 1 yumurta, dövülmüş
- ¾ bardak granüler Splenda
- 1 çay kaşığı akçaağaç veya karamel özü
- ½ çay kaşığı çörek otu pekmezi
- ¼ bardak Çikolata parçaları

TALİMATLAR:
a) Fırın tepsisini parşömen kağıdıyla hizalayın veya parşömen kağıdı kullanmıyorsanız yağlayın.
b) Orta boy bir kapta, kabartma tozunu pişirme karışımına çırpın.
c) Karışım küçük bezelyelere benzeyene kadar soğuk tereyağını bir hamur karıştırıcısıyla kesin.
ç) Kıyılmış cevizleri karıştırın.
d) Ayrı bir kapta süt (veya krema), çırpılmış yumurta, tatlandırıcı (granül Splenda veya tercihinize göre sıvı Splenda), akçaağaç veya karamel ekstraktı ve çörek otu pekmezini karıştırın.
e) Islak karışımı kuru karışıma ekleyin ve yumuşak bir hamur oluşana kadar karıştırın. Hamur yapışkan bir kıvamda olacak. Çikolata parçacıklarını karıştırın.
f) Hamuru hafifçe Pişirme Karışımı serpilmiş bir yüzeye çevirin. Hamuru Pişirme Karışımı ile kaplayın ve bir top haline getirin.
g) Hamuru 8 eşit parçaya bölün. Her parçayı elinizde hafifçe şekillendirin, gerektiği kadar Pişirme Karışımı ile kaplayın, yaklaşık 2 inç yüksekliğinde biraz silindirik bir şekil elde edin ve hazırlanan fırın tepsisine yerleştirin. Piştikçe yayılacaklar.
ğ) Yaklaşık 15 dakika veya çörekler altın rengi kahverengi olana kadar 400°F'de pişirin.
h) Çörekleri sıcak olarak servis edin ve lezzetli Çikolatalı Cevizli Çöreklerin tadını çıkarın!

96. Akçaağaç Cevizli Çörekler

Yapım: 6

İÇİNDEKİLER:
- 1 su bardağı sorgum unu
- ½ su bardağı darı unu
- ½ su bardağı patates nişastası
- 1 yemek kaşığı kabartma tozu
- 1 çay kaşığı ksantan sakızı
- ½ çay kaşığı öğütülmüş tarçın
- ½ çay kaşığı tuz
- 1 büyük yumurta
- ⅓ fincan sebze yağı
- ½ fincan yağsız Yunan yoğurdu
- 2 yemek kaşığı saf akçaağaç şurubu
- 2 çay kaşığı vanilya özü
- ⅔ su bardağı kıyılmış ceviz

TALİMATLAR:

a) Fırını önceden 180C / 350F'ye ısıtın ve bir fırın tepsisini parşömen kağıdıyla kaplayın.

b) Un, tuz, tarçın, ksantan sakızı, kabartma tozu ve patates nişastasını bir karıştırma kabında birleştirin.

c) Ufalanmış bir karışım oluşturmak için bir pasta kesici kullanarak katı yağı kesin.

ç) Yumurtayı, akçaağaç şurubunu, yoğurdu ve vanilya özünü pürüzsüz hale gelinceye kadar çırpın.

d) Kıyılmış cevizleri yavaşça karıştırarak ekleyin.

e) Karışımı sekiz eşit parçaya bölün ve yuvarlak topaklar halinde fırın tepsisine bırakın.

f) Kenarları hafifçe kızarıncaya kadar 15 ila 20 dakika pişirin.

g) Servis yapmadan önce 10 dakika soğumaya bırakın.

97.Sosis ve Kaşarlı Çörekler

Yapım: 16 çörek

İÇİNDEKİLER:
- 1 pound Jones Şekersiz Domuz Sosis Rulo
- 4 su bardağı çok amaçlı un
- 2 yemek kaşığı kabartma tozu
- 1½ çay kaşığı öğütülmüş hardal
- ½ çay kaşığı karbonat
- ½ çay kaşığı tuz
- ½ çay kaşığı biber
- 6 yemek kaşığı soğuk tereyağı
- 4 büyük yumurta akı
- 1½ bardak ayran
- 2½ su bardağı rendelenmiş keskin kaşar peyniri, bölünmüş
- 2 büyük yumurta sarısı
- 2 çay kaşığı su
- Dijon hardalı

TALİMATLAR:
a) Sosisleri büyük bir tavada et pembeleşinceye kadar pişirin; sosis boşaltın.
b) Büyük bir kapta biber, un, tuz, kabartma tozu, kabartma tozu ve öğütülmüş hardalı karıştırın.
c) Karışım iri kırıntılara dönüşene kadar tereyağını karıştırın. Ayran ve yumurta aklarını birleştirin; nemli olana kadar kırıntı karışımıyla karıştırın.
ç) İki bardak peyniri ve sosisleri katlayın.
d) Karışımı unlu bir çalışma yüzeyinde on kez yoğurun; hamuru yarıya indirin. Her hamurun yarısını sekiz inçlik turlar halinde şekillendirin.
e) Su ve yumurta sarısını birlikte çırpın; hamur halkalarının üzerine yayıldı.
f) Kalan peyniri üstüne ekleyin.
g) Altın rengi olana kadar 400 derece F fırında 14-16 dakika pişirin.
ğ) Çörekleri Dijon hardalı ile servis edin.

98.Tatlı Mısır, Kaşar ve Jalapeño Çörekler

Şunlardan oluşur: 12 ila 14 çörek

İÇİNDEKİLER:
- 2½ su bardağı çok amaçlı un
- 1 yemek kaşığı toz şeker
- 1 yemek kaşığı kabartma tozu
- 2 çay kaşığı ince deniz tuzu
- 1 çay kaşığı öğütülmüş kimyon
- 1 çay kaşığı biber tozu
- ½ fincan çok soğuk tuzsuz tereyağı, küp şeklinde
- 2½ su bardağı rendelenmiş ekstra keskin beyaz Çedar peyniri
- 1 demet yeşil soğan, ince dilimlenmiş
- 1 jalapeno, kıyılmış, tohumlar dahil
- 2 büyük yumurta
- 2½ su bardağı taze mısır taneleri, mutfak robotunda irice doğranmış
- ½ bardak artı 2 yemek kaşığı yarım buçuk, bölünmüş
- Üzerine serpmek için pul pul deniz tuzu

TALİMATLAR:
a) Fırınınızı 230°C'ye (450°F) önceden ısıtın.
b) Büyük bir kapta un, şeker, kabartma tozu, tuz, kimyon ve kırmızı biber tozunu birlikte çırpın. Soğuk tereyağını, başparmağınız ve işaret parmağınız arasında düzleştirerek ve karışım ufalanana kadar bezelye büyüklüğünde parçalara ayırarak un karışımına ekleyin. Burada ve orada birkaç büyük tereyağı parçasının olması sorun değil.
c) Birleştirmek için karıştırarak un karışımına Çedar, yeşil soğan ve jalapeño ekleyin.
ç) Küçük bir kapta yumurtaları, mısırı ve ½ su bardağını (120 gram) yarım buçuk oranında çırpın. Bu yumurta karışımını un karışımına ekleyin, birleşene ve hamur bir arada tutulana kadar karıştırın.
d) Bir fırın tepsisini parşömen kağıdıyla hizalayın.
e) Hamuru hafifçe unlanmış bir yüzeye çevirin. Hamurun üstünü hafifçe unlayın ve 1 inç kalınlığa kadar yuvarlayın. Hamur ele yapışan bir hamur olacağından ellerinizi ve oklavayı unlu tutun. 2½ inçlik kare bir kesici kullanarak hamuru kesin. Daha sonra keskin bir bıçakla her bir hamur parçasını çapraz olarak dilimleyin. Bunları hazırlanan tavaya yerleştirin. 15 dakika buzdolabında veya 5 dakika dondurun.
f) Kalan 2 yemek kaşığı (30 gram) yarım buçuk ile hamurun üzerine fırçalayın ve üzerine deniz tuzu serpin.
g) Yaklaşık 15 dakika sürmesi gereken altın rengi kahverengi olana kadar pişirin. Çörekleri sıcak veya oda sıcaklığında servis edin.
ğ) Lezzetli bir ikram için tatlı mısır, çedar peyniri ve bir miktar jalapeno aromasıyla dolu bu çöreklerin tadını çıkarın.

99.Çedar ve Jambonlu Çörekler

Yapım: 8 büyük çörek

İÇİNDEKİLER:
- 2 bardak çok amaçlı un, çalışma yüzeyi için ekstra
- 1 Yemek kaşığı toz şeker
- 2 ve ½ çay kaşığı kabartma tozu
- ¾ çay kaşığı sarımsak tozu
- ½ çay kaşığı tuz
- ¼ çay kaşığı taze çekilmiş karabiber
- 3 yemek kaşığı doğranmış taze frenk soğanı
- 1 su bardağı rendelenmiş kaşar peyniri
- ½ bardak tuzsuz tereyağı, dondurulmuş
- ⅔ bardak soğuk ayran, ayrıca fırçalamak için 1 yemek kaşığı
- 1 büyük yumurta, ayrılmış
- ¾ bardak ince doğranmış jambon
- Üzeri için isteğe bağlı: pul pul deniz tuzu

TALİMATLAR:
a) Büyük bir kapta un, şeker, kabartma tozu, sarımsak tozu, tuz ve karabiberi birlikte çırpın. Frenk soğanı ve rendelenmiş peyniri ekleyin.

b) Dondurulmuş tereyağını rende yardımıyla rendeleyin ve unlu karışıma ekleyin. Karışım bezelye büyüklüğünde kırıntılar oluşana kadar bir pasta kesici, iki çatal veya parmaklarınızla birleştirin. Islak malzemeleri karıştırırken buzdolabına veya dondurucuya yerleştirin.

c) ⅔ bardak ayran ve yumurta sarısını birlikte çırpın. (Yumurta beyazını 5. adıma ayırın.) Bu karışımı un/peynir karışımının üzerine dökün, jambonu ekleyin ve hamur bir araya gelinceye kadar karıştırın.

ç) Üçgen şekilli çörekler oluşturmak için: Hamuru hafifçe unlanmış bir çalışma yüzeyine aktarın ve unlu eller kullanarak top haline getirin. Hamur yapışkan olabilir, bu nedenle aşırı yapışkansa bir miktar daha un ekleyin. Çok kuruysa 1-2 yemek kaşığı daha soğuk ayranla karıştırın.

d) 8 inçlik bir disk halinde düzleştirin ve keskin bir bıçak veya tezgah kazıyıcı kullanarak 8 dilime kesin.

e) 10-12 damla çörek yapmak için: Hamuru oluşana kadar kasede karıştırmaya devam edin. Hamuru, çörek başına yaklaşık ¼ bardak olacak şekilde, pişirme kağıdı serili bir tepsiye, aralarında 3 inç boşluk bırakarak bırakın.

f) 1 yemek kaşığı ayranı ayrılmış yumurta akı ile çırpın. Çöreklerin üzerine hafifçe fırçalayın ve istenirse üzerine pul pul deniz tuzu serpin. (Bunu bir sonraki adımda soğutmadan önce veya sonra yapabilirsiniz.)
g) Çörekleri bir tabağa veya fırın tepsisine (buzdolabınız izin veriyorsa) yerleştirin ve en az 15 dakika buzdolabında saklayın.
ğ) Bu arada fırını 204°C'ye (400°F) önceden ısıtın.
h) Büyük bir fırın tepsisini parşömen kağıdı veya silikon fırın mat(lar)ı ile hizalayın. Mini veya küçük çörekler yapıyorsanız 2 fırın tepsisi kullanın. Soğuduktan sonra, çörekleri hazırlanan fırın tepsisine (tabaklarına) 2-3 inç aralıklarla yerleştirin.
ı) 22-25 dakika veya çöreklerin kenarları altın rengi kahverengi olana ve üstleri hafifçe kızarıncaya kadar pişirin. Fırından çıkarın ve servis yapmadan önce fırın tepsisinde birkaç dakika soğumasını bekleyin.
i) Artık çörekler oda sıcaklığında 2 güne kadar veya buzdolabında 5 güne kadar saklanabilir. Çöreklerin ikinci gün daha yumuşak hale geldiğini unutmayın.

100.Tavuk Çörekler

İÇİNDEKİLER:
KÖFTELER İÇİN:
- 225g kendiliğinden kabaran un, ayrıca toz alma için ekstra
- 1 çay kaşığı kabartma tozu
- 140 gr soğuk tereyağı, küçük parçalar halinde doğranmış
- 150 ml süt
- 1 yemek kaşığı çörek otu tohumu
- 1 yumurta, dövülmüş

DOLGU İÇİN:
- 3 adet pişmiş tavuk göğsü, ince doğranmış veya rendelenmiş
- 100 gr mango turşusu
- 2 çay kaşığı hafif köri tozu
- 150 gr doğal yoğurt
- 75g mayonez
- Küçük demet kişniş, doğranmış
- Küçük demet nane, doğranmış
- ½ limon suyu
- ½ salatalık, şeritler halinde soyulmuş
- 1 küçük kırmızı soğan, ince dilimlenmiş

TALİMATLAR:
KÖFTELER İÇİN:
a) Bir fırın tepsisini pişirme parşömeniyle kaplayın ve fırını 220°C/200°C fan/gaz 7'ye önceden ısıtın.
b) Büyük bir kapta kendiliğinden kabaran unu, kabartma tozunu ve ¼ çay kaşığı tuzu karıştırın. Soğuk, doğranmış tereyağını ekleyin ve karışım ince ekmek kırıntısı görünümü alana kadar parmak uçlarınızla unun içine sürün.
c) Sütü ve çörek otu tohumlarını ekleyin, ardından malzemeleri yumuşak bir hamur oluşana kadar karıştırmak için bir çatal bıçak kullanın.
ç) Hamuru çalışma yüzeyinize alın ve gevşek kırıntıları birleştirmek için kısa bir süre yoğurun. Yüzeyi iyice unlayın ve hamuru yaklaşık 1,5 cm kalınlığında açın. 12 daireyi damgalamak için 7 cm'lik bisküvi kesici kullanın. 12 çöreğin tamamını yapmak için artıkları birleştirmeniz ve yeniden yuvarlamanız gerekebilir.
d) Çörekleri fırın tepsilerine yerleştirin, üstlerine biraz çırpılmış yumurta sürün ve 10-12 dakika veya altın rengi kahverengi olana kadar pişirin. Doldurmayı hazırlarken soğumaları için bir kenara koyun.

DOLGU İÇİN:
e) Bir kasede doğranmış veya kıyılmış tavuğu, mango turşusunu, hafif köri tozunu, doğal yoğurdu, mayonezi, doğranmış otları, limon suyunu karıştırın ve tadına göre baharatlayın. Çörekleri birleştirmeye hazır olana kadar bu karışımı soğutun.

MONTAJLAMA:
f) Servis yapmak için çörekleri bölün ve taç giyme tavuğu, salatalık şeritleri ve ince dilimlenmiş kırmızı soğanla sandviçler hazırlayın.
g) İstenirse çörekleri bir arada tutmak için şiş kullanın.

ÇÖZÜM

İngiliz kekleri ve çörekleri dünyasındaki mutfak gezimizi tamamlarken, yalnızca bu enfes ikramları mükemmelleştirmekle kalmayıp, aynı zamanda pişirmenin yaratıcı sürecinden de keyif aldığınızı umuyoruz. Hazırladığınız İngiliz keklerinin ufalanan, tereyağlı çörekleri ve köşeleri ve çatlakları, pişirme sanatına olan bağlılığınızın ve tutkunuzun bir kanıtıdır.

Denemeye devam etmenizi, kreasyonlarınızı benzersiz tatlar ve malzemelerle kişiselleştirmenizi ve unlu mamullerinizin sıcaklığını ve konforunu arkadaşlarınız ve ailenizle paylaşmanızı teşvik ediyoruz. Sonuçta İngiliz kekleri ve çörekleri yiyecekten çok daha fazlasıdır; misafirperverliğin ve birlikteliğin simgeleridirler.

Pişirme yolculuğunuzun bir parçası olmamıza izin verdiğiniz için teşekkür ederiz. Umarız bu yemek kitabı sizi sadece lezzetli tariflerle donatmakla kalmamış, aynı zamanda İngiliz pastacılık geleneğine olan sevginizi de ateşlemiştir. Pişmiş lezzetler dünyasını keşfetmeye devam ederken, mutfağınız taze çöreklerin enfes aromalarıyla ve mükemmel şekilde kızartılmış İngiliz keklerinin vaadiyle dolsun. Mutlu pişirme!

www.ingramcontent.com/pod-product-compliance
Lightning Source LLC
Chambersburg PA
CBHW071317110526
44591CB00010B/918